# 「真の喜び」に出会った人々

菊地　功
Isao Kikuchi

オリエンス宗教研究所

目　次

# 「真の喜び」に出会った人々

# 1　教会がないと生きていけない？

## 教区の現状

新潟教区は、秋田県、山形県、新潟県からなる日本海側の教区です。地域の全人口は四百万人を超えていますが、その中でカトリック信徒は七千人弱。県庁所在地以外の大都市は少なく、多くが中山間地の農村地帯です。とはいえ、新潟も幕末の開港五港の一つでしたから、近代の再宣教の歴史には長いものがあります。すでに一八七一年にはパリ外国宣教会の宣教師が新潟で活動を始めています。

もちろんキリシタン時代の宣教の歴史も長く、佐渡のキリシタン塚の存在や、山形県米沢で一六二九年に殉教した福者ルイス甘粕右衛門と五十三名の福者殉教者の存在が、その歴史を物語っています。

その新潟教区も、近年の日本における少子高齢化の影響を大きく受け、小教区共同体から若者の姿が消え始めて久しくなります。長年にわたりこの地域における初期宣教の担い手であった幼稚園も、園児減少の現実の前で、存続のためにこれまで以上の努力が必要となっています。加えて今のまま何も対策を講じなければ、教区内三県の中山間地の村落共同体の多くは、数十年後には消滅するとさえ言われています。

いやはや何とも暗い話になりました。そう、新潟教区における福音宣教の困難さや、「暗い」話題を書き連ねることはとても簡単です。いくらでも尽きることなく思い浮かべることができる。はたしてそんな現実の中で、福音宣教における「喜び」の話題なんて存在するのでしょうか。それが実はあるのです。その舞台は山形県の北部、カトリック新庄教会です。

## 日本に嫁いできた女性たち

二〇一〇年十月二十八日。山形新幹線の終着駅である新庄市の南隣、舟形町でカトリック新庄教会の献堂式がありました。ちょうど新庄で開催されたカトリック難民移住移動者

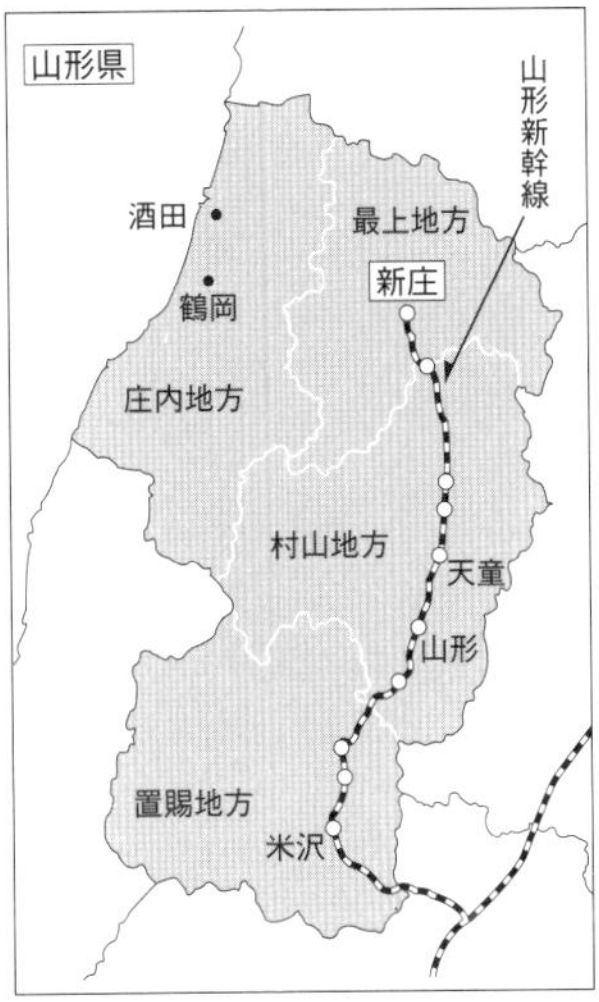


委員会の全国大会出席者六十名ほども加わり、二十名を超える司祭団の共同司式で献堂式ミサはささげられました。その全国大会のテーマは、「待ちつづけた夢が叶《かな》うとき」。まさしくこの日こそが、待ち続けた夢がかなう日だったのです。

いったいだれにとっての夢なのか。それはもちろん新庄教会の信徒共同体にとっての待ち続けた夢。それがどうして、滞日外国人の問題などに主に取り組む難民移住移動者委員会の全国大会と関係があるのか。

その理由は、献堂式ミサで主役を務めた信徒の顔ぶれを見れば、すぐに理解できます。百名以上が名を連ねるこの共同体に所属する信徒の九割は、フィリピン出身の信徒たちとその家族で占められているのです。

「教会に行かないと生きていられないのですか？」

新庄のカトリック共同体のリーダーの一人が、周囲から言われ続けた言葉を教えてくれました。彼女も、二十年以上前に花嫁として来日し、この地で日本人のご主人の妻として、子どもたちの母親として、家の嫁として暮らしてきた人です。

東北地方の農村部では、すでに七〇年代後半から、長男以外の男女の子どもたちが都市部での就職のため故郷を離れる傾向が際だっていたことから、農家における花嫁不足が緊急に取り組むべき課題として指摘されていました。そのなかで山形県の自治体では全国に先駆けて、行政が主導する形で、海外から積極的に花嫁を受け入れたのです。当時の朝日新聞の記事にこうあります（一九八七年三月十六日付）。

「フィリピンから花嫁を迎えた山形県朝日町と大蔵村が、嫁ききんに悩む全国の農山村の熱い視線を浴びている。……『リンゴとワインの里』朝日町は人口一万人。七〇年代から結婚相談員制度など町が嫁探しに努力してきたが効果はさっぱり。現在、三十代男性の三人に一人、約二百四十人もの未婚男性をかかえている。八〇年代に入って、まず台湾、韓国女性との国際結婚カップルが誕生、八五年秋から一年間にフィリピン人花嫁九人を迎えた」

そんな流れに乗って、多くのフィリピン出身の信徒が、この地域に定住したのです。まったく見知らぬ土地での新しい生活。文化の違いや言葉の違い。新たに生きていくことになった家庭でのさまざまな困難。伝統や習慣の違い。そういった体験の真っただ中にあって、後に信徒のリーダーになったこの女性がいちばんもの足りなく感じたのは、身近に教会がないことだったといいます。フィリピンにいた頃には、日曜日になるとミサに出かけていたことを思い出し、あるとき勇気をふるってご主人に頼んでみました。日曜日にカトリック教会へ連れて行ってほしい。

ご主人が見つけてくれたのは、同じ山形県の沿岸部にある鶴岡の教会。新庄から鶴岡までは、車で一時間以上かかります。それでも久しぶりにミサにあずかると、それはどうしても続けて出かけたくなる。次の日曜も、その次の日曜も。日曜日になると彼女はご主人に鶴岡までのドライブをおねだりしました。忙しい時期でも、日曜になるとなんとか教会へ出かけようとする彼女のその懸命な姿を見て、親戚《しんせき》の人が何気なく彼女に質問した一言でした。

「教会に行かないと生きていられないのですか？」

難しい質問だと感じたそうです。でもこの質問のおかげで彼女は、それまでの自分と神との不思議な関係を思い巡らすことができ、自分に与えられた場で教会に貢献しようという思いがさらに強くなったといいます。

新庄教会信徒共同体とともに（2011年２月、ミサ後）

新庄教会。新庄は日本有数の豪雪地帯の一つである

## 喜びの便りが伝わる

二〇〇五年に私は初めてこの共同体でミサをささげました。当時は地域の公共施設をお借りして、外国人妻の集まりということで許可をいただき、そのなかでミサをささげました。そのときも百名近い参加者でした。集まったフィリピン出身のお母さんたちは、ぜひとも自分たちの教会がほしいと訴えてきます。「わかりました、作りましょう」と答えたものの、資金も何もあてがない私は、そんなことは夢物語だと思っていました。それがったの五年で実現したのです。教区内外からの援助と、ちょうど売りに出ていた幼稚園の園舎。そして何よりも、自分たちの教会がほしいと一生懸命に祈り、献金し、働いた新庄の共同体のみんなの信仰の力。それこそが、彼女たちがこの地にあって待ち続けた夢でした。

福音は喜びのうちに伝わっていきます。その福音の告知は、パウロが言うように「キリストの十字架がむなしくならないために、言葉の知恵によってはならない」（一コリント1・17参照）のだから、福音宣教者の生きる姿の「あかし」によって行われていかなければなりません。喜びの便りは、喜びの生きる姿によるあかしによってこそ、多くの人に伝わる。そのあかしには力があるのです。そして、新庄の共同体の方々の生きる姿勢こそは、まさしく喜びの生きる姿のあかしです。本物の福音宣教です。

この人たちは教会に行かなければ生きていけないのだと、周囲の人が感じるほどの力です。信仰に生きることこそが毎日の暮らしの中心にあると感じているこの共同体のみんなは、底抜けに明るい喜びに満たされています。ちょうど教会の周囲は田んぼや学校なので、いくら騒いでも苦情が出ない。日曜のミサだけではなく、しばしば夜に集まっては、持ち寄りのパーティーを開いたりしている彼女たちの共同体には、近隣に住んでいる住民の方々も興味を示し、やがて教会へ顔を出してくれるようになりました。

今の課題は、子どもたちにこの信仰の喜びをどう伝えていくのか。もちろんすべてが理想通りに進んでいるなんてことはなく、そこには人間関係のいざこざだって存在します。しかしそれを乗り切って共同体をまとめ上げるだけの力が、彼女たちの信仰の喜びには、あるのです。

# 2　殉教者が示す人間としての生き方

## 米沢のキリスト者共同体

1章では、今の時代を福音の喜びをもって生きている新潟教区の共同体を紹介しました。この章ではもう一つ、新潟教区の共同体をご紹介しようと思います。といってもその共同体は十七世紀の共同体です。新潟教区自体は一九一二年に知牧区として誕生したのですから、十七世紀の時点では「新潟教区の共同体」とはいえないのかもしれませんが、現在の新潟教区の範囲内にかつてあった教会共同体ですから、今を生きる教区のキリスト者にとって、信仰の先達として重要な存在に違いありません。

その共同体とは、十七世紀初頭の米沢のキリスト者共同体。現在の山形県米沢市です。

当時の米沢の共同体には二千人ほどの信徒がいたと伝えられ、それは現在の米沢教会共同体の十倍以上の規模となります。

上杉神社などで有名な米沢市内には、教会にとって重要な場所が主に二つ存在しています。一つは現在のカトリック教会。もう一つが、教会から少し離れた住宅地の中にある北《ほく》山原《さんばら》の殉教地。一九二八年に、当時この地域を担当していた神言修道会のシュエンテック神父が、キリシタン時代の殉教者の伝承に基づいて場所を特定し、その土地を購入したことで、今に至るまで殉教地として継承されているのです。翌二九年の四月三十日には北山原に立派な十字架碑が建立され、当時のチェスカ新潟知牧区長を招いて盛大な除幕式を挙行したと伝えられています。その十字架は、今でも北山原殉教地の中心にそびえています。

この地で信仰のために生命をささげたキリシタン殉教者は、二〇〇八年十一月に長崎において百八十八殉教者の同志として列福されました。実はこの百八十八殉教者の中で最大のグループが、この北山原を中心に米沢市内数カ所で一六二九年一月十二日に殉教した五十三名の福者殉教者なのです。そのすべてが信徒でした。上杉家の家臣として重要な役割を担っていたルイス甘粕右衛門を筆頭に、同じく上杉家の家臣である侍たちを中心として、その家族を含む五十三名の殉教者です。

教皇フランシスコの『福音の喜び』では、教会のあるべき姿として「出向いていく教会」が示されています。これについて教皇は次のように記します。

「『出向いていく』教会は、宣教する弟子たちの共同体です。彼らは、率先する人、かかわり合う人、寄り添う人、実りをもたらす人、そして祝う人です」(24)

もちろん私自身は、当時の米沢のキリスト者共同体をこの目で見たわけではありません。けれども、殉教に関して残されているさまざまな記録から、当時の米沢のキリスト者共同体が、まさしく「率先する人、かかわり合う人、寄り添う人、実りをもたらす人、そして祝う人」の共同体であり、宣教する弟子たちの共同体であったと、私は思っています。しかもそれは、司祭が中心になって皆を育てまとめ上げた結果ではなく、迫害が強まった時代に、司祭不在の中、信徒自身のリーダーシップによって、共同体は育てられ、福音を宣教し、結果として二千人を超えるほどの大きな共同体へと発展していったのです。

殉教は、ともすれば、どのように勇敢に死んでいったのかという、人生の最後の瞬間にばかり注目が集まってしまいがちです。でも私は、そこに至るまでのそれぞれの人生の過程も、もしかしたらそれ以上に重要ではないのか、そしてその「過程」から、現代に生きる私たちは、多くを学ぶことができるに違いない、そう思っています。

## 最後の瞬間に見せた姿

それではどんなところから、それを知ることができるのか。当時、米沢から南へ険しい山を越えた会津若松に潜伏していたイエズス会のジョアン・バプチスタ・ポルロ神父が、米沢での殉教が起こった後、一六二九年七月二日付で三通の同じ手紙を別々のルートでローマへ送付したのです。それが現存していることで、この殉教の詳しい様子を知ることができています。殉教者の列福を記念して、そういったさまざまな記録に基づいて作成された絵本『サムライたちの殉教――米沢1629・1・12』（新潟教区「サムライたちの殉教」編纂委員会編、神保亮／絵、筒井義之／文、ドン・ボスコ社刊）に、次の一節があります。

「刑場の雪をみんなで払い、中央に聖母マリアの旗を立て、殉教者たちはその周りに輪をつくって跪き、祈りました。一人の奉行が見物人に向かって、ここで死ぬ者は信仰のために生命を捨てる身分の高い人であるからみんな土下座するようにと命じました」

キリシタン禁制という当時の社会にあって、信仰者に対する地元の多くの人々の尊敬を端的に表現した言葉として、これ以上のものはなかろうと感じる出来事です。

それではなぜ当時の信仰者がそれほどの尊敬を集めることになったのか。私には、米沢の地にあったキリスト者共同体が、日々の生活の中で、具体的に「率先する人、かかわり合う人、寄り添う人、実りをもたらす人、そして祝う人」として生き、それを通じて人間が生きることの最も純粋な姿を多くの人に示していたからではなかろうかと思っています。その極限の姿は、例えば同じ日に殉教したパウロ西堀式部の最後に如実に表れています。

『サムライたちの殉教』には次のように記されています。

「刑場に着くと、パウロは挟《はさみ》箱《ばこ》を持つ小姓を呼び、箱から金子を取り出して役人に、近くに住むハンセン病患者へ与

北山原での殉教祭ミサ（2015年７月）

えるように頼んだ」

すでに当時の米沢にあってキリスト者共同体が、「組」と呼ばれる信心会を構成して、広く地域における愛徳の実践にあたっていたことは、地元の多くの人が知るところでした。『サムライたちの殉教』には次のように記されています。

「イエズス会の指導のもとに『聖母マリアの組』と『御聖体の組』が、フランシスコ会のもとに『コルドン（腰紐）の組』がありました。迫害下にもかかわらず米沢の信者が急増したという背景に、信者の輪と具体的な愛徳の実践が欠かせなかったのです。……組の信者は村ごとにまとまり、病人を励まし、貧しい人を助け、時に行き倒れの死者を葬りました」

このキリスト者共同体の慈愛に満ちた業《わざ》が、例えば迫害を逃れるために人々の歓心を何としてでも買おうなどという、いわゆる見せかけではなかったということを、パウロ西堀式部は人生の最後の瞬間に、その生命の極みに、多くの人々に見せつけたのではないかと思います。

この世の価値観からすれば、何とも不名誉な刑死の瞬間です。それまで築き上げてきた上杉家の家臣としての名誉も地位もすべてを失い、いま生命の果てようとする最後の瞬間です。キリスト者として、人生の中ではもう十分に善行を積み上げてきた。加えて信仰に生きる立場から言えば、いまや殉教の栄誉にあずかり、まっすぐに天国に入ることがわかっている。もう十分だ。それにもかかわらず、もう一度、人生の最後の最後に、パウロ西堀式部はあえてわざわざ善い業を行ったのでした。いや、慈愛に満ちた業を見せつけたのです。

それはどうしてなのでしょうか。人間にはすべてを賭してさえも、生命すらなげうってでも、護るべき価値観が厳として存在するということを、この刑死の直前の最後の善行によって、集まった人々にはっきりと示そうとしたのではないでしょうか。あえてこのタイミングで善行を行い、それを多くの人に示すことで、これこそが自身の人生の意味なのだと見せつけたのです。「わたしはこのために生きてきたのだ。神の愛の業のために生きてきたのだ。苦しみのうちに忘れられている人々に寄り添うために生きてきたのだ」。そう見せつけたのです。

まさしく、「率先する人、かかわり合う人、寄り添う人」ではありませんか。そういうキリスト者が自分たちで育て上げた共同体だからこそ、多くの実りをもたらしたのではないのでしょうか。

## 人間であることの真の基準

現代社会はいったいどんな価値観を最優先にして歴史の道を歩んでいるのか。現代社会にあって、人々が護るべき価値観は、いったい何だとされているのか。あまりにも世俗化しすぎた現代社会に生きる私たちに対して、米沢の殉教者たちは、すべてをなげうってでさえも護るべき大切なものは、現代社会が大切だと信じている価値観ではないことをはっきりと教えている。そう私は思います。

人間は何千年もの歴史を念頭に置いて今の生活のことを考えているのではなく、せいぜい長くて五十年くらいを念頭に、いや、もしかしたらほんの一年や二年を念頭に置いて、これから先をどう生きていくのか考えているのではないでしょうか。第二次世界大戦が終わってから五十年近くは右肩上がりを続けてきた日本の経済が、混迷のうちに崩壊の様相すら見せ始め、加えて二〇一一年の東日本大震災に伴って発生した原子力発電所の事故が、その安全神話の崩壊とともに人間の知恵と知識と技術の限界を見せつけてしまいました。

これら一連の出来事は、私たちがこの七十年くらいの間、いやそれ以前からも信頼を寄せてきたこの世の富に立脚した価値観と経済構造が、いかにはかないものであるのかを教えています。もっとも、のど元過ぎれば何とやらで、あの大震災から五年ほどが経過したいま、その教訓は徐々に忘却の彼方へと消え始めています。

前教皇ベネディクト十六世は回勅『希望による救い』の中で、「人間は単なる経済条件の生産物ではありません。有利な経済条件を作り出すことによって、外部から人間を救うことはできないのです」(21)と指摘します。その上で、「人間であることの真の基準とは何か」について興味深い指摘をしています。

「人とともに、人のために苦しむこと。真理と正義のために苦しむこと。愛ゆえに、真の意味で愛する人となるために苦しむこと。これこそが人間であることの根本的な構成要素です。このことを放棄するなら、人は自分自身を滅ぼす」(39)

米沢の殉教者たちは、その人生を通じて、まさしく「人間であることの根本的な構成要素」を人々の前で明確に表現したのです。

殉教者たちは、人とともに、人のために苦しみ抜きました。

殉教者たちは、真理と正義のために苦しみ抜きました。

殉教者たちは、愛ゆえに、真の意味で愛する人となるために、苦しみ抜きました。

殉教者たちは、イエス・キリストの福音に従い、神の招きに信頼して信仰生活を生き抜きました。

苦しみ抜き、生き抜いたとき、その真摯な姿が、多くの人から尊敬を集める生き方となったのです。それはまさしく使徒言行録にある初代教会の姿そのものではないでしょうか。

「信者たちは皆一つになって、すべての物を共有にし、財産や持ち物を売り、おのおのの必要に応じて、皆がそれを分け合った。そして、毎日ひたすら心を一つにして神殿に参り、家ごとに集まってパンを裂き、喜びと真心をもって一緒に食事をし、神を賛美していたので、民衆全体から好意を寄せられた。こうして、主は救われる人々を日々仲間に加え一つにされたのである」（使徒言行録2・44－47）

## 3　友のために生命《いのち》を捨てる

### 相手への敬意と優しさ

にこやかな笑みを浮かべて喜んでいる人だけが、喜びのうちに福音を告げ知らせる人ではありません。教皇フランシスコも使徒的勧告『福音の喜び』の冒頭で、こう記しています。

「人生のどのような段階や状況でも、殊に苦しい状況では、つねに同じように喜びに生きるわけにはいかないことは分かります。しかし喜びは、状況に応じて変化しつつも、消え失せることは決してありません」（6）

それでは、どういう生きる姿勢が求められると教皇フランシスコは考えておられるのか。

それについて教皇は、生きる姿を通じての「あかしによる宣教」に注目しながら、福音宣教における人間関係の重要性に言及します。同じく『福音の喜び』には、こうも記されています。

「日々の務めとしてわたしたち皆に課せられた一つのかたちがあります。それは、身近な人にも知らない人にも、自分とかかわりをもった人に福音をもたらすということです」(127)

その上で、この宣教には、「相手への敬意と優しさ」が不可欠だとも指摘しています。他者とのかかわりの中で、自分が信じていることを言葉や行いで伝えるためには、いったいどうしたらよいのか。確かに雄弁に語ることは大切かもしれません。しかし、それ以上に深い信頼に満ちた人間関係を築き上げることが、言葉以上のあかしを生み出すのではないでしょうか。

今回は、そのような「相手への敬意と優しさ」を持った人間関係において、私自身がある人物の福音のあかしを目の当たりにして、彼の深い信仰に触れるとともに、自分自身の信仰も見つめ直すことになった体験を分かち合おうと思います。

## 難民キャンプでの出来事

それは一九九五年の四月のことでした。場所は、はるか彼方のアフリカ大陸。

その一年前の一九九四年四月六日。アフリカ中央部に位置する小国ルワンダの首都キガリにある空港で、当時のルワンダ大統領ハビャリマナ氏が搭乗した小型機が攻撃を受けて墜落し、同大統領は亡くなりました。暗殺事件です。ハビャリマナ大統領はルワンダの多数派フツ族の出身。当時、隣国ウガンダを拠点としていた反政府勢力は少数派のツチ族が主体。大統領の暗殺を契機として起こったのが、ルワンダ虐殺事件。この年の七月頃までに、一説では八十万人とも百万人とも言われる多くの市民が無残にも殺害されました。

単純に考えてしまうと、虐殺の被害者は主にツチ族の人たちであったので、ツチとフツの部族対立にすべての原因を求めてしまいます。善と悪の対立という構図が、誰にもいちばんわかりやすいからです。しかし、その背景は非常に複雑で、いくつもの国の思惑が交錯しており、ここで触れる余裕がありません。（詳しい背景については、拙著『カリタスジャパンと世界――武力なき国際ネットワーク構築のために』サンパウロ刊をご参照ください）。

さて、同年七月になると、ルワンダの首都キガリはウガンダから攻め入ったツチ族主体のＲＰＦ（ルワンダ愛国戦線）によって陥落し、新しい政府が樹立されました。それと入れ替わるように、それまでの政府軍と、彼らによって追い立てられたフツ族の住民が、国外に難民となって逃れていきました。その総数は二百万人とも言われています。これが「ルワンダ難民問題」です。難民流出の影響は、後々までこの地域に不安定要素となって残り続けるのですが、大方の難民キャンプは、その後、一九九六年末頃までには姿を消すことになります。

　カリタスジャパンは、当時、難民キャンプ支援に乗り出した国際カリタスの呼びかけに応えて現地にボランティアを派遣することを決め、旧ザイール（現コンゴ民主共和国）のブカブという町近辺に開設された難民キャンプの一つで、支援プログラムにかかわりました。一九九四年末のことです。派遣先はビラバという村に設営された、主にフツ族の難民九千人ほどを収容するキャンプでした。ビラバはルワンダとザイールの国境となっている

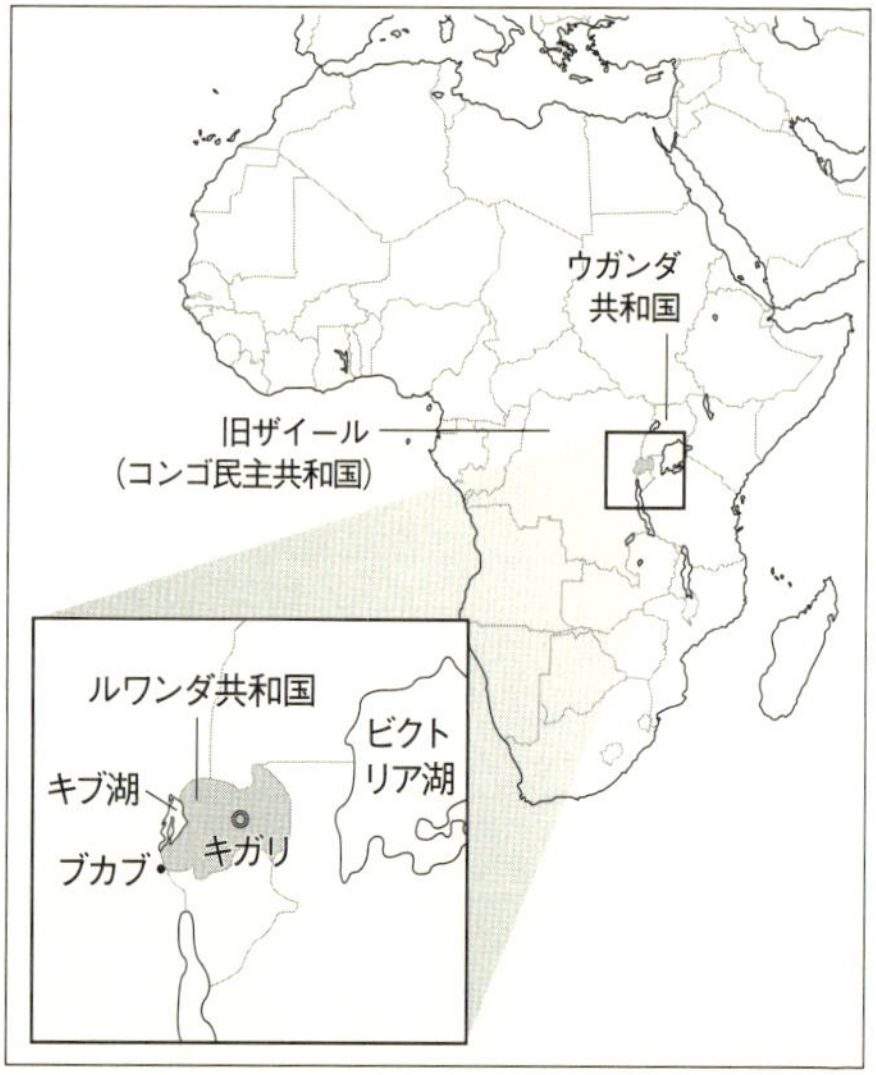

キブ湖に面した村で、教会と付属の小学校の前の湖畔の林に、キャンプが広がっていました。

このキャンプに九五年五月まで、のべ十八名のボランティアが日本から派遣されました。私は最後のグループ四名の一員として九五年三月から五月まで派遣され、これが私のカリタスジャパンとの今に至るまでのかかわりの第一歩です。

この派遣の最中、九五年四月十一日夜のことでした。「聖週間中だし、今週は仕事になりませんね」などと、一緒に派遣されていた塩田希《のぞみ》神父（イエスの小さい兄弟会）と打ち合わせをのんびりと済ませ、ベッドに潜り込んだ矢先でした。

夜十時を少々回った頃です。暗闇の中で突然ドーンという爆発音が響き渡りました。爆発音はキャンプの方向からです。私たちが宿泊していたのは、ビラバ小教区の司祭館。湖畔にあるキャンプとの間には、小学校のグラウンドがあります。

すぐにタンタンタンと板を叩くような、はたまた抑え気味の爆竹のような音が、いくつも重なり合って連続して聞こえてきました。「銃撃だ」と気づいた瞬間、さすがに血の気が引くのがわかりました。

「とにかく身を低くして、身を低くして」と自分に言い聞かせながら、司祭館の中央にある廊下へ。建物はコンクリート製ですから、窓より低くしていれば、銃弾がこちらへ飛んできても当たることはない。窓から外を見ると、まるで花火のように、無数に飛び交う光の筋が見えます。銃弾に違いない。

徐々に激しさを増す銃撃音には、タッタッタッタという連続した銃声まで交じりだし、またあちらこちらから爆発音も響き渡り、司祭館の周りでは暗闇を駆けていく無数の足音が響いてきます。それが逃げ惑う人なのか、襲撃者なのか。それすら分かりません。

寝室を出る時、トランシーバーを手にしてきたので、少し離れたところに宿泊している二人の日本人シスターを呼んでみるが応答はなし。そこで三十キロほど離れたブカブの町にある日本の某NGO事務所を呼んでみると、湖越しに暗闇の中で飛び交う銃弾が花火のように見えるとのこと。国連の現地事務所へ連絡を依頼したものの、この時間に湖畔の滑りやすい道を車が移動するのは、ほぼ無理です。実際、国連関係者が到着したのは翌日午前中でした。

司祭館の廊下の端は、外への通用口になっています。時間が経過するにつれ、難民キャンプで司祭館に近いところに住まう人たちが、逃げ込んできました。キャンプの住居は単なるビニールシートでできていますから、弾よけにはならない。この日、十時から十二時までの二時間にわたった襲撃で、三十名を超える難民が射殺され、二百名近い者が負傷しました。負傷者の多くは、地面に這《は》いつくばって銃撃をよけようとしたものの、背中や尻を撃たれた人たちです。

ふと気がつくと、この小教区助任のイタリア人司祭が、廊下の端の通用口から外に向かって何かを叫んでいます。そのうち彼は、外へ飛び出していきました。私も通用口まで行って顔を出してみると、銃弾が空気をつんざいて飛んでいく音がいくつも聞こえるではありませんか。そのような中に飛び出していったイタリア人司祭は、しばらくするとロベール神父を引きずるようにつれて、司祭館に戻ってきました。

ここになってやっとの登場となりましたが、このロベール神父が今回の主役です。

襲撃で吹き飛ばされたクリニックの薬品倉庫

## 自分は外に立っていたんだ

ロベール神父は、ルワンダ人の教区司祭。難民と一緒にルワンダから国境を越えてきた、いわば「難民司祭」です。とは言え、ルワンダはカトリックの国ですから、司祭は人々の霊的リーダーとして重要な役割を担っていました。

確かに、一部とは言えルワンダの司祭や修道者の中には、不幸にも何らかの形で積極的に「虐殺事件」に関与した者がいたのは事実でしょう。そして確かに、難民と一緒に逃げてきた司祭や修道者の中に、虐殺事件にかかわったり、またはそう疑われた者がいたことも事実です。ただ、ロベール神父に関しては、どうであったのか、そしてその後どうなったのか、私には情報が一切ありません。

さて、イタリア人司祭に引きずられて司祭館に戻ってきたロベール神父が、廊下で私の横に腰を下ろしました。彼はこの地の公用語であるフランス語以外に英語もできたので、私にとっては通訳なしで話ができる数少ない存在でした。

「どうして、こんな危険な中を外にいたのだ」と尋ねた私に、彼が答えた内容を、私は生涯忘れることができません。

「君たちの迷惑になるだろう」と、ロベール神父は笑顔で言うのです。「今、攻撃してきているのは、ルワンダの新しい政府の回し者に違いない。数日前からこのキャンプにはスパイが入り込んでいた。彼らは難民のリーダーを殺しに来ているのだ。自分も司祭として難民のリーダーの一人だ。このままここに君たちと一緒にいて、もし襲撃者がここまでやってきたら、君たちはどうなる。巻き込まれることになるかもしれない。そうならないよう、早く発見されるために、自分は外に立っていたんだ」

ビラバ教会で洗礼式を行うロベール神父
（立っている３人の人物の中央）

そう語るロベール神父の肩越しに、廊下の片隅で一人の少年がうめき声を上げながら、じっとうずくまっているのが見えました。よく見るとズボンに血がにじんでいます。教会に逃げ込む時に、太ももを撃たれ、それをじっと歯を食いしばってがまんしていたのです。

廊下に流れる血。夜空をつんざく銃弾の音。連続する爆発音。響き渡る叫び声。走り回る多くの足音。そして、何も見通せない暗闇。

もちろん知っています。「友のために生命《いのち》を捨てる。これ以上の愛はない」と、『ヨハネ福音書』15章13節に記されていることを。司祭になって、すでに十年近く経験を積んでいた当時の私は、それまで主任司祭を務めていたガーナの教会で、この言葉について、きっと何度も偉そうに説教をしてきたことでしょう。

もちろん知っています。「友ために生命を捨てる。これ以上の愛はない」のだから、私たちもそうする覚悟を持たなければならない。いくたび、まるで当たり前のようにしたり顔で、そのように教えてきたことでしょう。

ほら、今、自分の語った言葉は現実となった。その時、私の頭の中では「本当に襲撃者たちがここまでやってきたらどうしよう。さあ、どうぞロベール神父を連れて行ってくださいなんて言えない。かと言って、そうはさせないと立ちはだかる勇気もない」と、さまざまな思いが交錯していました。いつまでたっても結論が出ない。なんて浅い信仰であることか。それに比べて、ロベール神父の覚悟の違いは何だ。当たり前のように決断を笑顔で語る彼を支えているものは何だ。

私は眼前に、喜んで福音に生きようとしている人物のあかしを突きつけられ、そして、そうできない自分を発見して右往左往していたのです。

夜十一時半を回った頃から銃声は少しずつ減り、深夜十二時を過ぎるとまったく聞こえなくなりました。クリニックの薬品倉庫を吹き飛ばすロケット弾の爆発音が最後に響き渡り、襲撃は終わりました。襲撃者は、三艘《そう》のボートに分乗した九十名ほどだったと言います。

日本人シスター二人のところへ駆けつけると、すでに村の地域開発センターをクリニック代わりにして、懐中電灯の明かりだけを頼りに、次々と運び込まれるけが人の手当てが始まっていました。長くて悲しい暗闇の夜でした。

次章も、同じ難民キャンプで知り合った人物についての話です。

# 4　私の大切な友人

## カリタスの活動に関わり続けるきっかけ

ルワンダ難民キャンプでの活動は、ちょっと大げさかもしれませんが、そこに関わった多くの人のその後の人生を変えました。私自身についていえば、もちろんそれまで西アフリカのガーナで働いたことがあったとはいえ、今に至るまで続いているカリタスジャパンでの海外援助や開発支援プログラムへの関わりは、ルワンダ難民キャンプでのボランティア派遣がきっかけでした。確かに、襲撃事件など人命に関わる出来事に遭遇した体験は衝撃的でした。でもそれ以上に、現場でのさまざまな人との出会いから、私は大きな影響を受けたのです。今回は、ルワンダ難民キャンプ支援活動を通じて知り合った、友人の話です。

難民キャンプでの私の業務は、調整員でした。前章で触れたように、のべ十八名派遣されたカリタスジャパンのボランティアでも最後のチーム、四名のうちの一人です。他の三名は、二人が看護師の資格を持ち、しかもアフリカで働いた経験のあるシスターたち。そして、もう一人が前章でも登場した塩田希《のぞみ》神父（イエスの小さい兄弟会）。しかも私以外、みなフランス語が堪能。残念ながら私は旧英国植民地であったガーナで働いていたので、アフリカは知っていましたが、英語しか話せません。塩田神父の手配で、現地の旧ザイール出身の大学生を通訳としてお願いしていました。

さて、調整員とは何を調整するのかといえば、要は現場のボランティアが働きやすいような環境を提供するのが仕事です。もっともこの時点で、カリタスジャパンは撤退を決めていましたから、そのための準備が重要な業務でした。ですから国連やカリタス関係の事務所が集中するブカブの町の教区ゲストハウスを拠点に、ビラバのキャンプへも通いました。

ブカブ大司教区カリタスの事務局には、しばしば顔を出しました。旧ザイール（現コンゴ民主共和国）はカトリック国で信徒が多いとはいえ、ブカブ教区カリタスの陣容はスタッフが十名程度。その小さなカリタスが、当時ブカブになだれ込んできた三十万人を超えるルワンダ難民に、対処できるはずがありません。ブカブのある地方、旧ザイールとルワンダの国境地帯は、アフリカでもかなりの内陸部です。大都市からも離れている。失礼ながら、そのような辺境の地に、国際援助団体は常駐していない。カリタスジャパンのボランティアも、旧ザイールの首都キンシャサからではなく、ケニアの首都ナイロビから小型機で直接ブカブへ飛ぶほど、旧ザイール国内の交通網は未整備でした。

とはいえ、一九九四年七月頃から、大量の難民がブカブに押し寄せてきます。その直前の四月には、虐殺事件を逃れてきた主にツチ族難民の流入もありました。その現実を前に、弱小とはいえブカブのカリタスは、国連難民高等弁務官事務所に協力して難民の救援を始めました。その中心にいたのが、今回の主人公であるピエール・チバンボ神父です。当時

三十六歳。ブカブ教区カリタスの責任者でした。

## 責任者の務め

チバンボ神父は、二十代前半に小学校の教員になりました。子どもの頃に出会ったアフリカ宣教会（ホワイトファーザーズ）の宣教師の影響を受け司祭を志すも、父親に奥さんが五人もいたことから小神学校進学を断念（本人談）。これで神父への道は閉ざされたと思い込んでいたところ、友人との何気ない会話から、小神学校を経なくとも大神学校に入学できると知り、さっそく二十二歳の時に教区司教に相談。一年の霊的指導を受けた後に、二十三歳で大神学校へ進学しました。その後、一九八五年にブカブ教区司祭として叙階。二年間小神学校で養成担当者を務めた後、一九八七年にブカブ教区カリタスの責任者に任命されました。

虐殺事件が発生した一九九四年当時、チバンボ神父は二年間のベルギー留学から帰国したばかりだったと言います。難民流入を目の当たりにして、当時のクリストフ・ムンズィールワ大司教（イエズス会）の要請で、教区内のすべての小教区共同体が動員されました。募金が集められ、食料や衣服の寄付を受け付け、中でも同伴者を失った子どもたちや高齢者のために、教区カリタスは支援を提供しました。正式なキャンプが設置される前には、多くの避難民が教会の敷地に押し寄せました。

当時、ブカブ市内のカドゥッツ教会の主任司祭ジョルジョ神父（当時四十八歳）に、難民発生当初の様子をインタビューしたことがあります。彼はこう話してくれました。

「聖堂のベンチは、ばらばらに壊されるし、教会の庭の木は軒並み切り倒されて、しかも裏の塀まで消えてしまった」

燃やせるものは、すべて手当たり次第に壊されて、煮炊きのための燃料となったのです。五万人の信徒を抱えるこのカドゥッツ教会には、当時ブカブ市内に逃げ込んできた難民の一部が、援助と居住の空間を求めて殺到し、大混乱を極めました。難民の一部は信徒の家庭に預けられたものの、それでも一時は信徒会館を中心に千五百人ほどが、教会敷地内での生活を余儀なくされたと言います。教区カリタス責任者のチバンボ神父は、ジョルジョ神父のような近隣の小教区の主任司祭たちと連携を取りながら、一カ月以上にわたって独自の援助を続けましたが、さすがに限界です。設営が始まった国連の難民キャンプへの移送に着手し、同時に国際カリタスへ支援を要請しました。

ところでアフリカの地で、決して裕福ではないこういった小教区が、どうやって難民を支えることができたのでしょう。

例えばこのカドゥツ小教区は、もともと二十六の小共同体に分けられていました。いわゆる基礎共同体の概念をもう少し拡大したようなこの小共同体は、一九七〇年代に地域に根づいていった信徒の互助組織です。週に一度の年齢層別の集会と、月に一度の全体集会で、一緒に祈り、また地域の問題解決にも取り組みます。そして伝統的に、主日献金の一〇パーセントが、福祉基金として積み立てられていました。難民支援は、この小共同体組織と基金を十分に生かして行われたのです。当時一つの小共同体が、約五十人の難民を家庭に受け入れ、そして小教区が福祉基金を利用して、食糧を購入して支援したのです。

1995年４月、ブカブ郊外の
ルワンダ難民キャンプにて

### チバンボ神父の奉仕活動のルーツ

さて、ブカブ教区カリタスの支援要請を受けて、当時の国際カリタス本部は、カリタスベルギーを活動の取りまとめ役に任命しました。ブカブ教区カリタスが全体の活動責任者として国連との窓口になり、援助側カリタスの取りまとめや物資調達などをカリタスベルギーが担当するというのが、当初の方針でした。でも残念ながら、そうはうまく事が運ばなかったのです。

当時チバンボ神父をはたから見ていて、援助側の海外のカリタスと現場の声の板挟みになって苦しい思いをしていると、私も感じていました。建前では、ブカブ教区カリタスが責任者であるとされていても、実際には資金提供者の声の方がどうしても力強くなってしまう。その中で、難民の声を優先させようとするチバンボ神父は、思うとおりに事を運ばせるために大変な苦労を強いられたであろうことは想像に難くありません。もっともチバンボ神父の口から愚痴を聞いたことはありません。ただカリタスジャパン撤退から一年後、一九九六年夏にあらためてブカブを訪問した時、私にこう声をかけてくれたのが印象的でした。

「カリタスジャパンのチームが素晴らしかったのは、われわれに命令をするのではなく、一緒に働いていこうという姿勢があったことだ」

この言葉が、彼が当時、なかなか一緒に働こうとしてくれない援助側の諸団体のただなかで、どれほど苦労をしたのかを物語っているように感じました。実際、現場では、いったい誰が最終責任者なのか判然としない事態も発生していたのです。

数え切れないほど大量の難民流入という緊急事態への対処と、援助団体側の調整という二つの大きな難題を抱えていたチバンボ神父は、しかし常に喜びをもって難民支援の仕事に取り組んでいたのだと、後日、教えてくれました。そして、そのルーツは母親にありました。

「司教さんがまだ若かった私を教区カリタスの責任者に任命したのは、私が社会司牧活動に熱心だったことが、皆に良く知られていたからだと思う」と、チバンボ神父がある時、そう話してくれました。

それは、まだ彼が小学生くらいだった頃、毎日のように目の当たりにした母親の活動の影響だと、チバンボ神父は言います。彼の母親は、教会の同じ小共同体に所属する女性たちと一緒に資金を持ち寄り、貧しい人たちを助けたり、病人の回復ために祈りの集いを計画したり、治療費の支払いに困っている人を助けたり、両親を失った子どもたちのためにシェルターを手配したり、病気のために働けない人に代わってその畑を耕したりと、村で積極的に奉仕活動に取り組んでいました（なおチバンボ神父のお母様は、この執筆時点で、九十二歳でご健在です）。母親はチバンボ少年に、しばしば『使徒言行録』にある初代教会の様子を語って聞かせました。自分たちも同じようにしなくてはならないと。そして何より、言葉の教えにとどまらず、目に見える姿でそれを示した。司祭としての彼の生き方に大きな影響を与えたのは、その母親の模範でした。

## 教会が信頼される唯一の道

一九九六年になると、ルワンダ難民問題は長期化の様相を見せはじめました。国際NGOが次々と撤退していく中で、カリタスとしての長期的戦略を検討する会合が、一九九六年三月にドイツで開催され、その会合で、カリタスベルギーの支援業務からの撤退が決定されました。七月一日にカリタスベルギーは、同伴者のいない子どものキャンプ（ユニセフ管轄）担当者と医療ロジスティックス担当者の二名を除いて全員が撤退し、ブカブ教区カリタスのチバンボ神父が、名実ともに全体の責任者となりました。これに伴って、ブカブ教区カリタスは国際カリタスが雇用していた現地人スタッフを引き継ぎ、以前は十名程度だったスタッフも八十名を超える大所帯となったのです。そして、さあこれからだという時に、なんということか、一九九六年十月、ルワンダと旧ザイールの国境地帯で紛争が勃発したのです。ルワンダ難民たちはキャンプ撤収を余儀なくされ、その多くが熱帯雨林の中をさまようことになりました。

加えてブカブ教区では、同年十月二十九日、カテドラル周辺が砲撃を受け、クリストフ・ムンズィィールワ大司教他数名の司祭が殺害されます。意図的な暗殺だといわれています。

チバンボ神父は当時を振り返り、こう述べています。

「助けを必要としている人々に奉仕することは、私の司祭としての召命を深め強めたが、それ以上に、そういった方々のために文字通り命がけで働くことも学んだ。いまだに私が生きていることは奇跡だと思う。自分の司教が他の数名の司祭とともに暗殺されるのを目撃したし、多くの人が亡くなった。

2015年３月、国際カリタス本部にて。
左から２人目がチバンボ神父

それなのに私は生き延びた。貧しく助けを必要としている人たちを護り、ともに歩み、奉仕すること、そして預言者的な声を持つことこそが、教会が福音に生きる者として信頼される唯一の道だと信じている」

チバンボ神父はその後、国際カリタス本部に招かれてアフリカ担当デスクとなり、現在は聖座から任命された国際カリタスの聖座勧告者をローマ本部で務めています。そして、私自身がカリタスの仕事に携わる中で、進むべき方向を示してくれる大切な友人です。

## 5　心を背けて生きていけない

### ジャズ、アフリカとの出会い

中学生の頃、レコード屋さんで「お父さんのお使い？」と尋ねられたことがありました。手にしていたレコードはモダンジャズのアルバム。中学生が買うにはちょっと早いと思われたのかもしれません。でもジャズを聴き始めたのはその頃。同級生の影響でした。

その友人に勧められるままいろいろと聴き込むほどに、その当時まだはっきりと残っていた米国におけるアフリカ系米国人の直面する差別や厳しい生活条件を知り、さらにはその歴史的背景を知ることになります。そして背後に控えるアフリカの歴史についても。

大学生の頃、神言神学院（名古屋）で毎夏に企画する子どもたちのキャンプ「侍者会」

で、レクリエーション担当になりました。レンタルビデオなんてものがまだ存在しない時代、子どもたちに見せる映画を、愛知県の教育センターから借りてくるのも仕事。センターの受付で眺めていた貸し出し映画の一覧表に、目が釘付けになりました。そこには「音楽、渡辺貞夫」と記されている映画が。いうまでもなく、渡辺貞夫は日本のジャズ界の巨匠です。即座に借りてきました。『アサンテサーナ』というタイトル。スワヒリ語で「ありがとう」の意味です。アフリカはタンザニアで活躍する青年協力隊の感動物語でした。これで私のアフリカへの思いはますます募ることになります。私のアフリカとの出会いは、飢餓でも貧困でも紛争でもありません。ジャズでした。

大学を卒業した年に、修道会の養成プログラムで、米国へ一年間出かける機会に恵まれました。シカゴで出会ったのがガーナ人のビンセント・ボイナイ神父。神学の博士号取得のために、シカゴに留学中の神言会員。三カ月間、隣同士でした。夜にはすさまじいいびきで、周囲の部屋の住人の大変だったこと。とても恰幅《かっぷく》が良く、いつもニコニコしているボイナイ神父は、ところがジャズなんてまったく興味がない。私の思い込みだったんです、「アフリカの人はジャズが好きなはずだ」なんて。遠く離れた国々のことに、どれほど無知であったことかと、思い知らされました。アフリカ大陸には五十を超える国が存在することすら、その当時は知らなかった。ところがその彼も、軽やかな音楽が聞こえてくると、大きな体を揺らしながら自然にリズムをとる。そう、やはりアフリカの血です。ボイナイ神父から誘われて、神父になったらガーナへ行ってみようと決意したのです。

一九八六年春に名古屋で司祭叙階を受けた私は、その夏、ガーナへ向かっていました。その道すがら、米国南部のニューオーリンズ郊外にあるベイ・セントルイスという町に、友人を訪ねました。当時、そこは神言会の修練院でしたが、その前身は、実は米国本土で歴史上初めてアフリカ系米国人を受け入れた神言会の神学校だったのです。聖アウグスチン神学院は、さまざまな反対や試練に遭いながらも一九二三年、この地に開校され、多くのアフリカ系米国人司祭を輩出しました（その後、神学院はシカゴに統合移転）。

夕方に修道院の庭を散策していると、「ガーナへ行くなら、この人に挨拶しなくちゃ」と友人が呼びます。行ってみると、なんとそこは会員の墓地。真新しい墓石の前に友人が立っていました。その墓石には、「カーティス・ワシントン神父。1917年4月5日～1985年7月11日」と記されていました。友人はあらためて、「ガーナへ行くなら、この人に挨拶しなくちゃ」と繰り返し、一年ほど前に亡くなった先輩会員のその真新しい墓の前で祈るように促します。わけもわからず祈った私は、その後、この「カーティス・ワシントン神父」に何度も出会うことになるのです。

## ワシントン神父の子!? クモジ神父

その年の八月十五日、ガーナの首都アクラに到着しました。アクラのコトカ国際空港は、今でこそかなり整備されて整然としていますが、当時の到着ロビーはそこここから荷物を持とうとする手が伸びてくる、かなりの混沌《こんとん》状態でした。しかも薄暗い。一九八一年十二月三十一日に、今に至るまでのガーナの歴史で最後の軍事クーデターがあり、その頃は軍事独裁政権下でした。政権は政治や官僚の腐敗を一掃するとしてかなり強引な政策を進め、過去の政治や軍のリーダーたちを粛清したこともあり、近隣の国とは険悪な関係にありました。また厳しい干ばつにも襲われ、一九八三年頃に経済状態はどん底であったと言います。もっともこの強引な軍事政権特有の政策が政治の腐敗を押さえ込み、結局は国際的な信頼回復につながったのです。その結果として世界銀行などの指導の下で、経済の立て直しと安定した民主化に成功したというのは、ちょっとした歴史の皮肉かもしれません。

一九八六年八月十五日夜の到着ロビーに戻ります。到着したのに約束の迎えが誰もいない。現在の私ならどうにかするのでしょうが、その時は初めてアフリカの混沌を体験してただ途方に暮れ、チューリヒから乗ってきたその飛行機で帰ろうかとまで考えていたほどです。一時間以上も混沌の中で途方に暮れていた私に、救いの手が差し伸べられました。ちょうど海外へ出かける会員を見送りに来ていたガーナ人のシスターが、「先ほどから、どうされました」と声をかけてくれたのです。必死で、自分は神言会員の神父で、日本から派遣されてきたのだと説明しました。すると彼女が破顔一笑。「ああ、クモジが迎えに来るはずよ」と教えてくれたのです。もっともそう言われても理解不能でしたが。

そうこうしているところへ、ガーナ人の神言会員ガブリエル・クモジ神父が私を迎えに現れました。クモジ神父はそのシスターと知り合い。そのとき彼女が、何もわからず呆然としている私に、「クモジ神父はね、遅れてきたなんて思ってないわよ。彼はワシントン神父の子だか

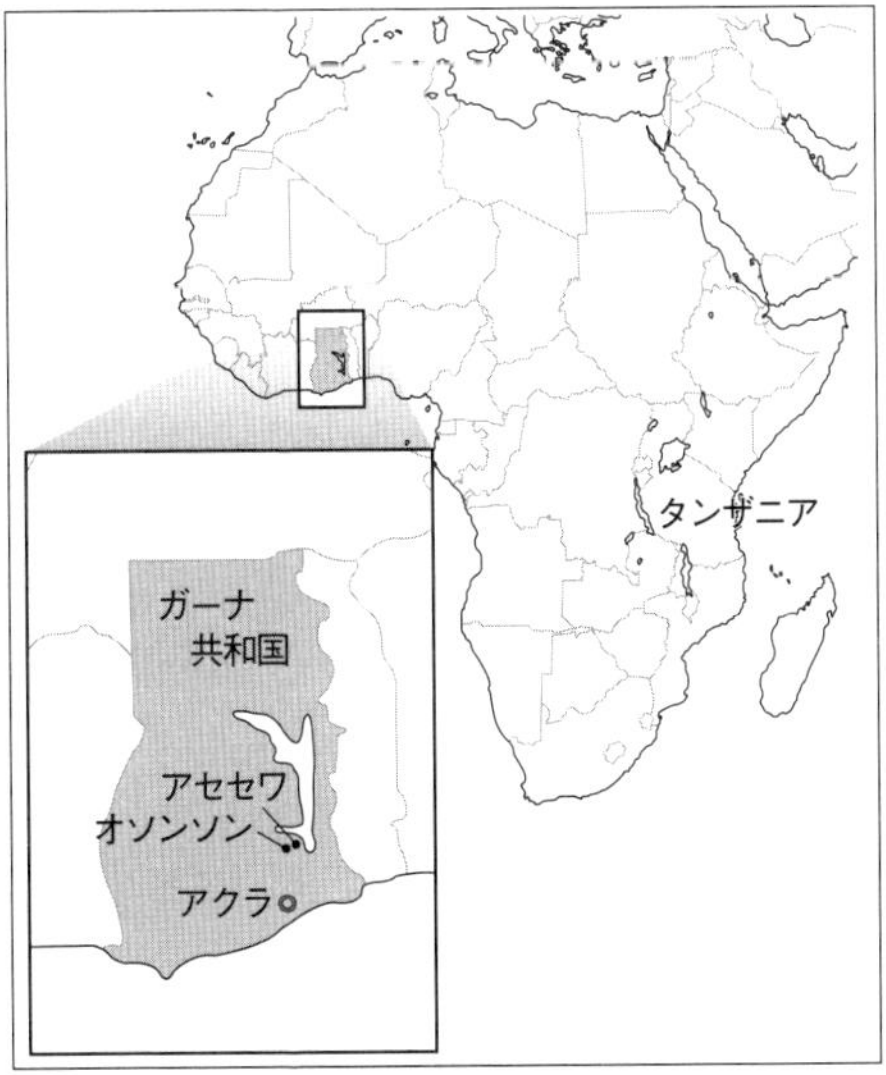

らね」と言い放つのです（と言い放ったと、後日、そのシスターが語ってくれたのでした。実際、そのとき私の頭の中は混乱で真っ白でしたから）。

「クモジ神父はね、遅れてきたなんて思ってないわよ。彼はワシントン神父の子だから」というのは、いったいどういう意味なのか。それから一年間、現地の言葉を学ぶ中で彼と一緒に生活し、私はその意味を身体でしっかりと理解することになります。

私より二つ年長のクモジ神父は、一九八五年の司祭叙階。当時、首都のアクラから北東に車で四時間ほど入った山奥のアセセワ村の教会で、助任司祭をしていました。主任司祭はポーランド人会員。私はそこで一緒に生活しながら、地元の言葉であるコロボ語を学ぶことになりました。この一帯に住む住民はコロボ族と呼ばれ、起伏がある丘陵地帯で多くの住民が農業を営んでいました。アセセワ村には、この地域でいちばんのマーケット（市場）があり、商業の中心地です。小教区には二十を超える巡回教会があり、クモジ神父は周辺の地域に点在するその巡回教会の担当でした。

何度も彼に同行して巡回教会へ出かけ、そのたびに後悔しました。予定がまったく見通せないのです。一度出かけたら、いつ帰るかわからない。巡回先の村にいると、夜中だろうと早朝だろうと、突然に「今から出かけるぞ」と声をかけられることも。ほんのちょっとのドライブだろうと思って同行したら、延々と続く数日の旅だったり。このとき、「ガーナでは時間がゴム紐《ひも》のように延びる」という言い伝えを実感させられました。いくつもの村をさんざん回って、夕方頃に到着したこれまたどこかの村で、「さあ今からミサだ」なんてことも。こんな時間に信者さんが来るものかと思っていると、おもむろに聖堂の前につるしてある車のホイールを鉄棒でたたき始める。鐘の代わりです。するとどうしたことか、森の中から住民が集まってくるではありませんか。ある日、そうやって集まってきた信者さんの口から出た言葉。それが「クモジ神父はワシントン神父みたいだ」なのでした。

だんだんと気になってクモジ神父に尋ねてみました。「ワシントン神父っていったいどういう人なのか」と。

ガブリエル・クモジ司教と一緒に。
2016年1月の研修会にて

カーティス・ワシントン神父こそ、このコロボ族の地域で長年にわたって一人で宣教を続けてきた開拓宣教の司祭だったのです。生前本人は、「自分の祖先は絶対にコロボ族だった」と信じて疑わなかったと、クモジ神父が教えてくれました。先日、ネット上で見つけた一九五七年六月十八日付の『アフロ・アメリカン』という新聞には、その頃独立したばかりのガーナで働くワシントン神父についての記事があり、「一九四九年からガーナで宣教師として働くワシントン神父は、現在オソンソン村から一人で五十二の教会を担当

オソンソン教会の20以上の巡回教会の１つを訪問後、
山の中を１時間半歩いて車のところまで戻った一行（1994年）

し、さらに学校や教会を建設中である」などと記してありました。彼は、自分のルーツである部族だと信じて疑わなかったこのガーナの人々のために、文字通り寝食を忘れて働いたと伝えられています。それこそ、クモジ神父ではありませんが、ワシントン神父は、行動予定がまったく読めず、徹底的に村を巡回しては、時には夜中に教会の鐘を打ち鳴らして、突然にミサを始めることもしばしばだったと言います。

## オソンソン村の主任司祭に

私はアセセワで言葉を学んだ後に、このオソンソンという村の教会の主任司祭に任命されました。一九八七年の五月のことです。当時の司祭館は土壁の小屋。それはワシントン神父が建てた司祭館で、それこそが彼の活動拠点でした。私が赴任した当時は、オソンソンの巡回教会は二十程度になっていました。泊まりがけで巡回教会を訪問すると、どこの村でも「ワシントン神父から洗礼を受けた」と言う人たちが、懐かしそうに彼の話をしてくれました。この地域でかなりたくさんの洗礼を授けたのですが、洗礼台帳を記入しないことでも有名だったと、ある村で長老が教えてくれました。当時の司教さんは、しばしば厳しくワシントン神父を指導しようとしたようです。「ワシントン神父は逃げ回っていたが、あるとき首都アクラの司教さんがとうとう村までやってきて、洗礼台帳を記入するようにと彼を叱りつけたんだ。そうしたらワシントン神父は、『だって司教様。聖パウロも洗礼台帳なんて持ってなかったでしょう』と真剣に反論したんだ」

オソンソン教会で主任をしていた頃、洗礼証明書を求めてきた信徒の方が、ワシントン神父から洗礼を受けたと聞いた瞬間に、洗礼台帳から記録を発見することをあきらめたものです。そしてワシントン神父から洗礼を受けた人は、数え切れないほどいたのです。

一九七八年、体調を崩して首都アクラのオス教会に異動となったワシントン神父ですが、この小教区こそ、当時神言会の神学生になったばかりのガブリエル・クモジ青年の所属教会だったのです。クモジ神学生は主任司祭となったワシントン神父から、司祭叙階直前まで、多大な影響を受けました。「ワシントン神父の子だから」とシスターに言われた由縁です。ワシントン神父が米国で亡くなったのは、クモジ神父の司祭叙階式三日前のことでした。

## ワシントン神父とクモジ神父の生き方

さて、この二人の何が「福音の喜び」なのでしょうか。

クモジ神父と一緒に暮らしていて、最初は私も、なんてだらしのないいい加減な男だと、何度腹を立てたことかしれません。しかし、さまざまなところを連れ回されるうちに、どうして彼がそうしているのかが、少しずつ理解できるようになったのです。彼は生活のすべてが、常に他人のため、それもただの他人のためではなく、助けを必要としている人のためなのです。さらにそれも、まさしく「今」助けを必要としている人のことを、最優先にして行動しているのです。ですから目の前に瀕死《ひんし》の病人がいれば、その三十分後にミサが予定されていたとしても、病人を車に乗せて、二時間もかかる町の病院へ急行するのです。

悩みごとに翻弄されている人が現れれば、何時間でも話を聞きます。だまされた人がいれば、相手のところへ交渉に行き、こじれれば知り合いの弁護士を町から連れてきて裁判に関わり、町のサッカーチームに欠員が出れば早速出場します（このときは、彼は肩を脱臼して、今度は私が予定を変更して彼を病院まで運びましたけれど）。今、目の前で助けを必要としている人から目を、そしてなにより心を背けて生きていけない。その精神はどこから来るのか。イエス・キリストの福音に忠実に生きる姿勢に違いありません。

そしてそれは、ワシントン神父も同じだったと聞きました。訪れる村々で、まるで今でも彼が生きているかのように、ワシントン神父の自慢話を、私は何度も何度も聞かされ続けました。生前、一度も会ったことがないのに、ワシントン神父の存在を心に感じていま
す。

私をガーナへ導いたボイナイ神父も、一緒に暮らしたクモジ神父も、二人ともその後ガーナで神言会の管区長になりました。そしてのちには、二人とも司教の任命を受け、現在もガーナで教区司教として活躍中です。

# 6　自分の時間を犠牲にして

## ガーナから日本への帰国

その日私は、新しく建てたばかりのオソンソン教会の司祭館で、最後の荷物整理をしていました。一九九四年四月のことでした。一九八七年五月から住み慣れたオソンソン教会を離れ、まもなく帰国という時期。聖堂は小高い丘の中腹にあり、5章で登場したワシントン神父が建てた古い司祭館は、その丘のふもと。この地域特有の細長く道沿いに広がるオソンソン村の一角にありました。トイレは裏庭で、シャワールームはベランダの端を板で囲んだだけ。電気も水道もない村ですから、シャワーといっても、お湯をバケツに入れて、空き缶を使ってその水浴びです。ワシントン神父のその家には、五年間住みました。夜

デュマス氏（左）とダニエル氏（右）。
1990年頃、ダニエル氏の家の前で

中に蟻《あり》の襲撃を受けたり、体調を崩したりと、いろいろなこともあったので、聖堂と同じ丘の中腹に、新しい司祭館を建設しました。九三年のことです。村から新しい司祭館を訪ねるには、丘をちょっとばかり登らなくてはなりません。

忙しく片付けを済ませようとしていると、その坂道を、杖《つえ》をつき、息を切らしながら、やっとのことで登ってくる人影に気がつきました。今回の主役の一人、ダニエル氏です。

心臓の調子が思わしくないダニエル氏。オソンソン教会の信徒の一人です。その頃、年齢はまだ五十代であったと思いますが、ちょっとした運動ですぐに息が切れ、足にむくみが出て、歩き回る自由を失っていました。教会からほんの少し歩いた先に、さまざまな事情から一人暮らしをしていたのです。

そのダニエル氏が、必死に杖をついて司祭館までの坂道を登り、私の前に立ちはだかって、ある言葉を投げかけてきました。

「神父さん、日本に帰るなよ」

今でも忘れません。ガーナで八年近く働いて、いちばんうれしかった言葉でした。

† † †　† † †　† † †

当時オソンソン教会には、近隣の村々に二十を超える巡回教会がありました。近いところでは車に乗って三十分ほど。遠いところでは、特に自動車が入る道がつながっていないような村では、歩かなくてはなりません。そうするとオソンソンを出てから村に到着するまで三時間近く。いきおい泊まりがけということになります。

ところで、二十を超える巡回教会があって、そこを担当する神父が一人しかいないということは、日曜日にすべての教会でミサをすることは物理的に不可能です。日本の常識であれば、日曜日にせめて三カ所くらいミサをして廻ることができるかもしれない。でもそこは、「時間がゴム紐《ひも》のように延びる」アフリカのこと。そう単純には解決しません。日曜日のミサは一カ所だけ。それでは他はどうするのか。これまた日本なら、バスやタクシーに乗って、ミサがある教会に全員集合。ところが当時、オソンソンの村一帯に存在していた「自家用車」は、私が乗っていた教会の車一台のみ。公共交通機関も存在しない中、毎日曜日に何時間も歩いて教会に集まるようになどとは、さすがに言えません。それでは日曜日に、巡回教会ではどうしていたのでしょう。

## 福音宣教における「同志」

ここで登場するのが、「カテキスタ（伝道士）」諸氏の存在です。ほとんどが男性ボランティアで、日曜日には、み言葉の祭儀を行い、洗礼志願者にカテキズムを教え、堅信準備の子どもたちに信仰教育を行い、病人を訪問し、亡くなる方があれば埋葬なども行う。オソンソン小教区には、全体で三十名を超えるボランティアのカテキスタと、それを統括する一名のフルタイム・カテキスタ氏がいて、ありとあらゆる教会活動を取り仕切っていたのです。このカテキスタ諸氏の存在がなければ、はるか彼方の日本からやってきた新米の宣教師一人に、三千人を超える規模の小教区責任者など務まるものではありません。

教区司教の司牧訪問は、当時、三年に一度行われていました。訪問は、一週間の泊まり込み。平日にいくつかの小教区を廻り、地区ごとの堅信式をお願いしていました。一度の司教の訪問ミサでは、二百人を超える信徒が堅信を受けました。しかも司教さんは、聖体拝領の後に、受堅者一人ひとりに記念のロザリオを手渡しされる。野外で行われる堅信式ミサは、四時間以上かかったと記憶しています。なかなかの混乱ぶりでした。

二百人もの人が堅信を受けるミサでいちばん混乱するのは、司教の前に順番に出てくる瞬間でした。按手《あんしゅ》と共に聖香油を額に塗るとき、司教は受堅者の名前を呼ばなくてはいけません。一応、事前にリストが用意されています。でもその順番に受堅者を整列させるのが至難の業。そのようなときに、自分が先だと争っている受堅者をなだめすかし、司教の前に順番通りに無事連れてくる。そんな交通整理も、カテキスタの重要な役目でした。

カテキスタに登用されるいちばんの基準は、もちろん信仰に篤《あつ》く、人望があり、聖体拝領を受けるに差し障りがないことでした。しかしそれ以上に、英語の読み書きが重要です。

ガーナは一九五七年の独立まで、ゴールドコーストと呼ばれた英国植民地でした。長年にわたって教育は英語のみで行われていたのです。私が働いていた頃でも、さすがに小学校では地元の言葉（オソンソンではコロボ語）も使われていましたが、高等教育は英語が

オソンソンで12年ぶりに再会した
デュマス氏（右）と筆者（2006年12月）

基本でした。

教会にとって大きな問題は、地元の言葉であるコロボ語の聖書がないことでした。ミサ式文はコロボ語に翻訳されていたので、ミサ自体は私もコロボ語で行いました。ただ、私のコロボ語が十分ではなかったことと、言い訳ですが公用語である英語が優先されていたので、説教は英語で行い、カテキスタ諸氏がその場で通訳してくれていたのです。

つまり、ミサ中には二つの場面で英語の翻訳が不可欠です。第一に、聖書朗読。英語の聖書を手にしながら、コロボ語に翻訳して朗読をしていたのです。そして第二に、説教の通訳。よってカテキスタになるには、英語能力が最低条件なわけです。

とはいえ、その能力にもそれぞれ違いがあります。さすがの私でも、働き始めて数年を経ると、耳にするコロボ語の大まかな意味を理解できるようになります。すると、ときに朗読されている聖書の内容が、聞いたこともないような荒唐無稽なストーリーであったりする。そのようなときはあわてて、説教のときに軌道修正をしたりしました。そうかと思えば、説教中にカテキスタ氏の通訳に耳を傾けていると、どう聞いてもそれは私の話ではないことも確かにありました。

そうは言っても、みなボランティアで時間を犠牲にし、教会のために、そして共同体のために奉仕してくださっている方々です。彼らの働きがなければ、私には何もできなかったのは、まぎれもない事実です。

カテキスタの仕事の中で、重要な役割の一つは、病人訪問でした。さまざまな病気を抱えて、または年齢の問題で、教会へ出てくることができないメンバーをこまめに訪問し、回復のために共に祈り、またそれぞれの必要に耳を傾けてくるのは、カテキスタ諸氏の重要な役割でした。

そのようなカテキスタ諸氏の中には、私にとって福音宣教における「同志」だと思えるような人たちが数名いました。そして、やっとここで登場ですが、今回の主人公は、そういったカテキスタ諸氏の「同志」であるジョゼノ・クエシ・デュマス氏です。デュマス氏こそ、このカテキスタのもっとも重要な役割である病人訪問に、精力的に取り組んだ人物でした。

## 父、そして子へ

一九四〇年生まれのデュマス氏は、私が赴任した当時、四十代後半の働き盛り。本業は小学校の教員でした。当時のガーナのカトリック教会は、ほぼすべての教会（巡回を含む）に、幼稚園と小学校を備え、また中学校を併せもつところも少なくありませんでした。オソンソン教会にも幼稚園から中学校までがあり、周囲の巡回の多くも小学校を備えていました。教会付属の学校は植民地時代に始まり、独立後には歴代政府とのさまざまなやりとりの歴史もあって、その頃の教員給与は政府から支給されていました。宗教教育の自由を保障される代わりに、施設整備は教会の務めであり、主任司祭はそういった学校のマネージャーという肩書を与えられていました。デュマス氏も平日はその小教区の学校で働く教員です。そして日曜日はオソンソン教会で奉仕するボランティアのカテキスタでした。

デュマス氏の本領は、休日だけではなく平日でも仕事の帰りに、こまめに村の病人を訪問することでした。訪問しては、祈るだけでなく、いろいろと話を聞きながら、困っていることがあれば何かとアドバイスをし、具体的な対策を講じようとしていました。

そのようなある日、デュマス氏が一人の病人に会って欲しいと私に伝えてきました。この地で村は細長い道沿いに何キロも延びているので、暑い中を歩いて訪問するには十分な体力が必要です。でも、その病人の家は「すぐ近く」だと言う。この「すぐ近く」を簡単に信じてはいけないんですよ。それでも熱心に頼むので一緒に出かけました。思いの外、近くでした。このときに訪問したのが、ダニエル氏だったのです。

いろいろとダニエル氏の話を聞いていると、デュマス氏が盛んに、「神父さん、これは町の病院へ連れて行かなくちゃだめです」と主張します。町の大病院はつねに大混乱の中にあるので、すこしばかり躊躇《ちゅうちょ》していると、デュマス氏が、「自分が同行して世話するから大丈夫」と太鼓判を押します。そこで数日後、私の車で二時間かけて、コフォリデュアという町にある聖ヨハネ病院修道会の運営する病院へ、一緒に行くことにしました。当時、そこにはスペイン人の腕の良いドクターがおり、また薬もそろっていたのです。かなり待たされた後、診察が終わり、そのドクターに呼ばれました。

「ダニエル氏は心臓の病気を抱えている。投薬と定期検査が必要だ。少なくても毎月一回は連れてきてください。神父さんが頼りですよ」

「あなたが頼りですよ」と言われて断れる神父はいないでしょう。それから何年それが続いたのか、すでに忘れましたが、毎月のようにダニエル氏とデュマス氏を車に乗せて、往復四時間かけて病院へ通いました。私が忘れそうになると、必ずデュマス氏が「神父さん、そろそろ病院へ連れて行く頃ですよ」と、思い起こさせてくれます。一緒に出かけ、一緒に昼飯を食べ、わがままを言うダニエル氏をなだめすかし、お土産に露店でパンを買う。その頃の思い出は、書き出したら尽きることはありません。

† † †　† † †　† † †

そして一九九四年四月のその日。ダニエル氏は杖をつきながらゆっくりと丘を登り、司祭館までやってきて、「神父さん、あんたがいなくなったら、病院はどうするんだ」と尋ねるのです。「心配するな。後任の神父に頼んであるから」と伝えました。そう聞いた彼の口から出た言葉は、「神父さん、日本に帰るなよ」だったのです。

このような素晴らしい言葉をいただけたのは、それはデュマス氏のような献身的なカテキスタの存在があったからです。私はデュマス氏にせき立てられて、なかば嫌々、義務感で務めていただけのことです。

自分の時間を犠牲にしても、今、助けを必要としている人のもとへはせ参じ、そして、そこから新しい出会いを生み出していく人。デュマス氏は、その存在で福音を喜んであかししていた人だったと思います。そしてデュマス氏のように、自分の時間を犠牲にして人々のために献身的に働く多くのカテキスタが存在し、教会を支えてきたのです。

私がオソンソンで働いていた頃に小学生だったデュマス氏の息子マーティンは、その後ガーナで神言会の神学院に入り、二〇一〇年八月に、父母が見守る中、司祭に叙階されました。ガーナの首都アクラで行われた叙階式は、私が司式させていただきました。そしてマーティン・デュマス神父は、今、日本で働いています。

残念ながら、デュマス氏も、その妻ドラさんも、息子の叙階式の数年後に、相次いでその人生を終えられました。

# 7　喜びの光をもたらす人

## 最貧国バングラデシュのカトリック

初めて訪れたバングラデシュの首都ダッカは、すぐお隣のインドの都会とは少しばかり雰囲気が異なっていて、それでもやはり同じような混沌《こんとん》さを見せていました。世界でもっとも人口密度が高い国と言われるだけあって、確かにどこへ行っても大勢の人がいる。それだけの人が集中していれば想像に難くないのですが、町中の道路は大渋滞。その真っ只中には「リキシャ」がひしめき合っていました。「リキシャ」とは、人力車の前方に自転車をつけたような形状をした乗り物です。そしてリキシャの客席を覆う幌《ほろ》のなんともカラフルなこと。

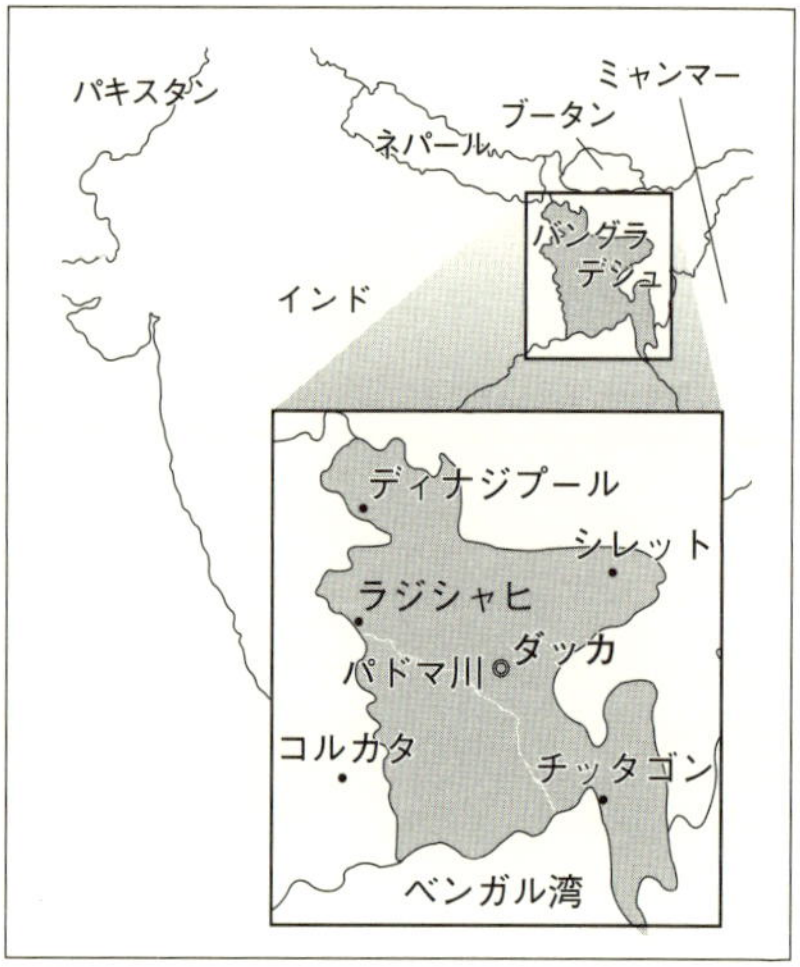


そんな都市の喧噪《けんそう》を車で抜け、北西方向へ移動すること四時間強。パドマ川（ガンジス川）を挟んで彼方のインドと対峙《たいじ》するラジシャヒの町を訪問したのは二〇〇九年のことでした。

さかのぼること数年前の二〇〇五年。首都ダッカ教区からパウリヌス・コスタ大司教（当時）が来日しました。大司教は、バングラデシュにおける教育プログラムへの支援を求めるために、カリタスジャパンをはじめ、さまざまな団体と交渉する目的で来日したのでした。この時、大司教に同行していたのが、カリタスバングラデシュの責任者であるベネディクト・アロ・ロザリオ氏。当時は四十九歳。今回の主役です。

バングラデシュは国土の大半がベンガル湾に沿ったデルタ地帯で、洪水をはじめとした自然災害にしばしば見舞われ、それが経済発展にも深刻な影響を及ぼしてきました。独立当初から世界の最貧国の一つに数えられてきましたが、二〇〇〇年の国連におけるミレニアム開発目標合意後、貧困の削減に精力的に取り組み、「二〇一五年までに一日一・二五ドル未満で暮らす極度の貧困の人々を半減させる」という目標をクリアした国でもあります。しかしながら全体としての貧困は未だに解消されておらず、人口の四分の一は一日二ドル以下で生活する貧困層であると指摘する統計もあります。そのような社会の背景から貧困撲滅に取り組む市民活動は活発で、その中でもっともよく知られているのは、ノーベル平和賞を受賞したムハマド・ユヌス氏が創設した「グラミン銀行」かもしれません。

一億六千万を超える人口の中で、カトリック教会は二十万人を超えるほどの信徒数ですから、小さな共同体です。しかし、その中にあってもカリタスバングラデシュは、全国的に活発で重要な活動をしてきたNGOとして、その地位を確立しています。

## ドクター・アロの「アロガー・プロジェクト」

さて、二〇〇五年に話を戻しましょう。この大司教来日を受けて、カリタスバングラデシュとカリタスジャパンは、教育支援プログラムでの提携を合意しました。その結果、南東部のチッタゴン丘陵地帯における先住民族の子どもたちの初等教育プログラムと、シレット、ラジシャヒ、ディナジプールのカトリック三教区における中等教育プログラムを、カリタスジャパンが支援することになったのです。

一九五六年生まれのアロ氏は、一九八三年にバングラデシュ司教協議会の正義と平和部門に就職し、その後、奨学金を得て米国で修士号、さらに英国で開発学の博士号を取得。そのためカリタスの友人たちの間では親しみを込めて、「ドクター・アロ」と呼ばれています。一九八七年に、司教団の要請で正義と平和部門からカリタスバングラデシュに異動したドクター・アロは、子どもたちの初等教育が極端に貧弱であることが、バングラデシュの発展を妨げる重要な要因の一つであることに気がつきます。その中でも、とりわけ先住民族の子どもたちには教育の機会が十分に与えられておらず、ドクター・アロは、まずこの状態をどうにか改善しようと、早速に教育プログラムの充実に取り組んだのでした。

バングラデシュは日本の半分以下の面積に日本より多い一億六千万人以上が暮らしていますが、その約九割以上がベンガル人だと言われます。第二次世界大戦後、同じ英国の支配から脱して独立を遂げたインドは主にヒンドゥー教の国、そしてインドを挟むかたちとなったパキスタン（東西）は、主にイスラム教の国として誕生しました。現在のバングラデシュとなる東パキスタンが分離独立を宣言したのは一九七一年。パキスタン軍の軍事介入と、インドへの難民流入をきっかけとしたインド軍の介入もあり、一時は泥沼の紛争が

カリタスネパールのボガティ神父（左）、カリタスジャパンの田所氏（中央）、ドクター・アロ（右）。台北での開発援助促進評議会研修会にて（2009年）

続きました。ヒンドゥー教にもイスラム教にも属していないこの地域の先住民族にとって独立にかかわる紛争は、いわば迷惑な出来事でもありましたし、今にまで続く不安定な生活の始まりでもありました。

たとえばチッタゴン丘陵地帯では一九七六年頃から一九九七年に和平協定が結ばれるまで、先住民族と政府の対立が続きました。和平協定が結ばれても紛争状態は近年になるまで解消せず、多くの先住民が国内避難民としての生活を余儀なくされてきました。チッタゴン丘陵地帯での大きな問題の発端は、全国的な人口過密の解消にベンガル人の入植が大規模に行われ、それに伴って先住民族に対する人権侵害が頻発したことにあったと言われています。

またラジシャヒなど北西部では、独立の混乱期に先住民族が騙《だま》されるようにして土地を追われ、インドに移住せざるを得なかったという話も聞きました。この一帯に生きる先住民族（一般に「アディバシ」と呼ばれる）は三十以上あると言われ、彼らの多くがインドへ移住したものの、結局インドでも安住の地は見つからず、それではとバングラデシュに戻ってみれば、すでに自分たちの住む土地は失われていたという事例が多く聞かれます。このような状況下で、絶対的な少数派である先住民族はバングラデシュの最貧困層となり、その子どもたちが十分な教育を受ける可能性は限りなくゼロに近くなってしまったのです。

カリタスバングラデシュで働き始めたドクター・アロにとって、貧困にあえぐ祖国の発展のためにいったい何ができるのか、しかも圧倒的な少数派であるカトリック教会がどのような貢献ができるのかを考え抜いた時、少数派である先住民族の子どもたちの教育機会を増やす必要性に目が向いたのは、ある意味必然だったのかもしれません。ドクター・アロは、その夢を実現するために、国内外の資金提供者に地道に幾度も呼びかけて、小規模ながら二つのプログラムを開始。その後二〇〇〇年頃には、全国で十の初等教育提供プログラムへと拡大していきました。そして、そのタイミングで、さらなるプロジェクトの規模拡大を目指して、大司教と共に日本を訪れたのでした。

　カリタスジャパンの支援で始まった教育提供プログラムの体験を通じて、さらにこのプログラムの充実を考えたドクター・アロは、その後二〇一一年にカリタスフランスを通じてEUから一千万ユーロ規模の支援を取り付けることに成功し、これを「アロガー（灯台）・プロジェクト」と名付けて、現在は六年間の教育提供プログラムを展開しています。現場の人々の必要に応じて柔軟に教育プログラムを提供し、また子どもたちだけではなく大人に対しても、生活を向上させる啓発プログラムを提供しています。

訪問した先住民族の家で、将来への希望を語る子どもたち（2009年）

このあたりの事情をドクター・アロは、多分に社交辞令も混じっているのでしょうが、「カリタスジャパンとのプロジェクト提携があったからこそ、その経験を生かしてさらに大きなプロジェクトを考えることができたんだ」と話してくれました。

現在この「アロガー・プロジェクト」は、全国に千の教育センターを設置し、年間で約六万人の教育機会に恵まれない子どもたちに初等教育を提供しています。これまでのプロジェクトで、六十四万に近い家族が、直接または間接的にこの教育提供プログラムの恩恵を受けていると、ドクター・アロは説明してくれました。また六年のプロジェクト期間が終了した後にも、各地に設立された教育センターが地域共同体の継続学習の場として活用されるように、すでに二〇一五年から準備のプログラムを始めています。

カリタスバングラデシュもドクター・アロのリーダーシップによって成長を続け、現在では全国で四千人以上を雇用するバングラデシュでも強大なNGOの一つになりました。

## 倫理性と霊性が不可欠

話を戻して二〇〇九年、私が初めてバングラデシュを訪れた時、ドクター・アロに案内されたのが、カリタスジャパンとの提携でこの初等教育提供プログラムを実施していたラジシャヒだったのです。

地元の小教区に併設された八年制の中学校で学ぶ子どもたちは、男女に分かれ寄宿舎で生活をしていました。初等教育提供プログラムから学費支援を受けている子どもたちが教会に集まり、学校生活について話を聞くことができました。子どもたちは口々に、「医者になりたい、先生になりたい、技術者になりたい、神父やシスターになりたい」と、将来への夢を語ってくれました。女子グループは、先住民族に伝わる伝統的なダンスを披露してくれました。集まった子どもたちの笑顔もすてきでしたが、それ以上に、子どもたちの目には将来への希望に満ちた輝きがありました。

その後、案内されて郊外のある村を訪問した時のことです。お父さんと奥さんと、息子と娘がそれぞれ三人。見事に広がる田園地帯の一角に、その一家は住んでいました。お父さん自慢の息子の一人ザカリアス君も、カリタスバングラデシュを通じて学費支援を受け、中学校に通っているのです。一家が住む小さな家は、田んぼに囲まれた村の外れで、土壁と草葺《ぶ》きの屋根で、その上には牛の糞がずらりと並べてあります。牛の糞は乾燥させて煮炊きの燃料となるのだと言います。

「私は田んぼなんか持っていない。この家の土地だって、政府の土地だから」

周囲の田んぼを見ながら、お父さんが説明してくれました。

このお父さんも、独立紛争の頃に国境を挟んで翻弄された先住民族です。もともとの故郷であるバングラデシュ側に戻って来ても自分たちの土地は失われ、今は政府のプログラムで提供されている土地に長年の仮住まいをしているだけなのです。土地を持たないザカリアス君のご両親は、近隣の農家や建設現場での日雇いとして働き、それぞれが一人あたり一日二百円程度を稼いで家族を支えているのです。一家八人で一日四百円程度の収入ですから、単純に計算しても一人あたりでは極度の貧困ラインである一日一・二五ドル以下となります。そんな困難な生活の中でも、お父さんは希望に満ちあふれていました。それは子どもの教育が、将来への財産になるという希望でした。

「自分は小学校しか出ていない。でも子どもたちには、将来のためにも学校にはちゃんと通わせたい。教育をしっかりと受ければ、職に就けるかもしれないじゃないか」

そう語るお父さんの目は、希望の光で輝いていました。これほどの希望に満ちた笑顔には、そう滅多に出会えるものではありません。ドクター・アロは、初等教育提供プログラムを通じて、この希望の笑顔を全国にもたらし続けてきたのです。

バングラデシュの発展に大きく寄与し関わってきたドクター・アロは「（教会の）発展

や開発の行動には倫理性と霊性が不可欠だと確信している」とも話してくれました。そのためには次のような資質を備えたリーダーがカトリック教会に必要なのだと力説されました。

それはまず「個々人の違いを受容するいつくしみの態度。そして適材適所を見抜くプロとしての眼力。さらに倫理と法規を遵守する確固たる信念。こういうリーダーがいることで、開発や発展のプロジェクトが金銭的に腐敗することなく、本当に現場の人々の必要に応えることができるようになる」と。

国連では二〇〇七年九月十三日に、「先住民族の権利に関する国際連合宣言」が、日本を含む多数の国の賛成をもって採択されています。国際社会は、世界に三億人以上はいると言われる先住民族の伝統と権利を守り、社会的地位の向上に取り組んでいます。一人ひとりの人間の尊厳を重視するカトリック教会にとっても、重要な課題です。

今年（二〇一六年）六十歳でカリタスバングラデシュを退職するドクター・アロですが、当面は顧問としてその活動にかかわることになりました。これからもドクター・アロは信仰に基づいた行動を通じて、多くの人、特に社会の周辺部に追いやられている人たちに、将来への希望と喜びの光をもたらし続けていくことでしょう。

# 8 笑顔で皆を引っ張る人

## 神から与えられた使命がある

初夏の陽気の六月末の大阪。関西国際空港から新大阪の駅に到着して、その日の宿泊予定としていた駅近くのホテルに足を踏み入れたとき、同行してきたマーガレットさんが一言。「このホテルは、やたらと従業員が多いこと。日本はどこでもこうなの？」

二〇〇二年の六月末のことでした。そのホテルでは、大学生の就職面接会が行われており、集まっていた学生は、男女みな一様に黒っぽいリクルートスーツ姿だったのです。それが、彼女の日本経験の第一歩でした。

アフリカのケニアで活躍するマーガレット・ムワニキさんが、この章の主人公です。笑顔がすてきなアフリカのお母さんです。当時、カリタスの会議でしばしば顔を合わせる機会のあった彼女から、突然舞い込んだメールにはこうありました。「二〇〇二年六月にローマで行われる会議の後に、一緒に日本まで行きたい」。その年の五月のことでした。

メールの続きには、「良い教育を提供し貧困を撲滅することを目的とした地域共同体開発プログラムの一環として設立した学校に、通学用の中古バスを見つけたい。保護者会は四千ドルを用意している。カリタスジャパンとの協力関係も模索したい」と記されていました。アフリカの中でも比較的、政治経済が安定しているケニアとはいえ、「貧困を撲滅することを目的とした」プログラムが展開中の地域で、保護者会が四千ドルもの資金を集めたという話に、そのときはちょっと驚きました。同時に、そういったプログラムを引っ張っているマーガレットさんとは、どういう人物なのだろうと興味がわきました。

その年、ローマでの会議の後に私と一緒に来日した彼女は、アフリカ向けに中古車を販売する業者としっかりと話をつけて、中古のマイクロバスを購入しました。そしてそれから今に至るまで、長期にわたるカリタスジャパンとの協力関係の構築にも道筋をつけ、ケニアに戻って行かれました。

マーガレットさんは、ナイロビから北に百五十キロほど離れたケニア山のふもとの小さな村で、一九六〇年に七人兄姉の末っ子として誕生。家庭は貧しい農家でした。彼女の兄姉たちは、四人が五歳になる前に病気で亡くなり、兄と姉と彼女の三人が残されました。両親は、貧困から脱出するためには教育が不可欠だという信念を持ち、残された子どもたちが教育をしっかりと受けることができるように努力したと言います。子どもの頃を振り返って、「たくさんの兄姉がいる中で、三人だけが生き残ったことから、自分には神から与えられた使命があるのだと自覚するようになった」と教えてくれました。

そんな思いを抱くようになったのには、もちろんカトリックの洗礼を受けていた両親からの信仰教育がありました。同時に、高校時代に、ケニア山地域の十八の高校から構成されていた「カトリック青少年運動（ＣＹＭ）」に加わり、その中で信仰を深めたことも重要だったと彼女は語ります。この「カトリック青少年運動」を通じて、彼女は自分自身にリ

ーダーとしての才覚があると確信し、さらにはそこで現在のご主人とも出会いました。

## ケニアの現状

一九六三年にイギリスから独立したケニアは、初代大統領でカリスマ的指導者であるジョモ・ケニヤッタと、その後継者であるダニエル・アラップ・モイによる、いわば独裁ともいえる政権が二〇〇二年まで、ほぼ四十年、続きました。特にモイ大統領の二十四年間にもわたる政権下では、長期独裁政権の特徴ともいえる富の一部の階層への集中や政治家と官僚の癒着と汚職が顕著になり、経済も下降線をたどって失業率も五〇パーセントに達していたという記録もあります。アフリカの中ではもっとも発展していると言われた大都市ナイロビを抱え、国連をはじめさまざまな国際機関がアフリカの本部を置き、そして自然公園などの観光資源にも恵まれた国家は、長期独裁政権下で経済的に崩壊をしていたのです。新しい世紀を迎えた二〇〇〇年代初頭の頃、いわゆる貧困層の生活には非常に厳しいものがありました。

このような希望のない状況の中で、首都ナイロビには世界一の「町」まで出現しました。「キベラ」と呼ばれる「町」です。キベラは、巨大都市ナイロビに絡みつくように存在している、当時八十万人以上が生活していたといわれるスラムの名称です。ケニアにおける貧富の格差拡大を象徴するかのように、周辺地方から大都市ナイロビへの人口流入は激しさを増し、その結果キベラは世界一のスラムとなりました。

二〇〇七年の大統領選挙後には、そのキベラで真っ先に暴動が発生しました。改革派候補が敗れた選挙結果への失望が、いわゆる「貧困層（低所得者層）」の間でどれほど大きなものであったのか。それがこの暴動に象徴的に示されているのです。このとき、全国的に広がってしまった暴動では、千二百人が生命を落とし、国内避難民は五十万人を超えたと言われています。

結局、国連の仲介などもあり、大統領のあまりに強大な権限を制限することなどを盛り込んだ憲法改正が行われました。その後、二〇一三年の大統領選挙で選出されたのが、初代大統領の息子ウフル・ケニヤッタ氏です。しかし国家はこの大混乱の影響を引きずっており、貧困層の生活の改善や教育の充実にはまだ際立った成果はなく、現大統領にとって経済状況の改善や治安の安定など取り組むべき課題は山積しています。

## 幼い日の記憶と思いから

そのような厳しい経済状況の中で、マーガレットさんはカリタスの職員として、貧困にあえぐ人々の生活の改善や教育の質の向上のために尽くし続けてきたのです。

マーガレットさんは高校教師を経て、一九九一年一月にカリタスケニアに職を得ます。彼女はそこで九年間、女性の自立支援プログラムの担当者として働くことになりました。その後、彼女はカリタスアフリカの要請に応えて、サハラ以南の英語を話す十九の国の調整担当者に就任します。私はその頃に、会議の場で初めてマーガレットさんと出会いました。彼女は現在でもカリタスアフリカのプログラム担当者として、アフリカにおける貧困撲滅や良い統治の実現のためのリサーチなどにあたっています。

マーガレットさんにとって、幼い頃の母親の記憶は、貧困のただ中で家族を守るためにさまざまな困難と闘う姿だったと言います。また困難に立ち向かって努力をする女性たちが、家庭においてはしばしば、夫による暴力の被害者である現実も目の当たりにして育ったのです。子どもの頃から彼女は、どうしたら女性たちが暴力の恐怖から逃れ、平和に暮らすことができるのだろうかと、そればかりを考えてきたと言います。

高校教師をしていた頃、そんな幼い日の記憶と思いがあらためてわき上がり、それが空き時間を活用したボランティア活動をはじめるきっかけになりました。その第一歩は、近隣の村の女性たちのための小さな収入創出プログラムと、家計簿をつけるトレーニングでした。

この活動が認められ、彼女は地元であるムランガ教区の女性自立支援プログラムの担当者として雇用されることになります。教区は彼女が、支援プログラムのリーダーとなるためのトレーニングコースにも参加させてくれました。そのようなトレーニングを受ける中で、自分自身の神から受けた召命への自覚をさらに深めます。男女の格差をなくし、ともに人間の尊厳を持って生きることのできる社会を生み出す活動に取り組むことこそ、自分の使命だと確信したのです。

「貧困にあえぐ人々の中で、特に厳しい状況に置かれている女性が、私が取り組んだプログラムによって、何とか希望と喜びを見いだしている姿に直面するとき、本当にこの仕事に取り組んできて良かったと思うのです」と、マーガレットさんは話してくれました。

二〇〇三年に私は、カリタスジャパンのルワンダ視察に合わせてケニアにも立ち寄り、マーガレットさんの取り組んでいるさまざまなプログラムの場所を訪れました。

もちろん、最初はあの学校へ。小学生たちが、きれいにペイントされたマイクロバスを

学校のために日本で購入された中古のバス
（2003年）

前に、訪れた私たちを大歓迎してくれました。マーガレットさんとご主人の地道な取り組みによって、この地域の家庭では多くの人が子どもの教育が大切であることに理解を示し、積極的に資金も提供してくれていたのです。

もっともこの地域は、ナイロビのベッドタウン的な位置にあり、ナイロビ市内で職を得ている人も少なくないことから、いわゆる貧困層とは異なります。しかし、地域の経済状態を見れば、このバス購入資金を皆で供出することは、並大抵のことではなかったでしょう。子どもたちの将来のために教育が不可欠であることを、多くの人が確信している証拠です。

それからマーガレットさんに連れられて、キベラへ。キベラの中心に位置している「王であるキリスト教会」は、グアダルペ宣教会のメキシコ人宣教師が主任司祭を務め、長年にわたってスラムの住環境改善や教育事業に取り組んでいました。その当時、スラムの各所に設けられた小聖堂は、祈りの場としてだけでなく、地域の集会所として、また保育施設として活用されていました。

ここでマーガレットさんが主導していたのは、シングルマザーを中心とした女性の自立支援プログラムと青年たちが中心になって行っているゴミ収集処理プロジェクト。女性の自立支援グループでは、特に収入創出のために手工芸品を作って、町の土産物屋などで販売しているという話で、一方、ゴミ収集は、将来的にリサイクル事業へ発展させたいとのことでした。

## 世界的な連帯をめざして

二〇〇五年に再訪したときは、教会と道を挟んだ向かい側に、木造の小屋が建てられ、これが女性の自立支援事業のためのセンターとなっていました。中に入ってみると六畳程度の部屋。ここでは女性たちをグループにわけ、識字教育を施したり、裁縫を教えてテーブルクロスやドレスシャツを作ったり、または石けんを作ったりして、小規模ながらも収入創出を目指していました。

その後、マーガレットさんは、国際カリタスのさまざまな委員会や、国連関係のさまざまな活動に引っ張りだこになります。世界社会フォーラム（ＷＳＦ）が二〇〇七年一月にナイロビで開催されたときには、マーガレットさんがアフリカのカリタスを代表して企画に参加し、各派の教会と連合体を結成してフォーラムに宗教的色彩を添えました。

二〇〇八年八月、私は独立前の南スーダンを彼女と一緒に訪問しました。のちに首都となるジュバから車で郊外へ。まだ地雷が埋まっているとの警告の点在する道を抜け、ナイル川をわたり、ある村の小学校を訪問しました。どう見ても十分ではない教材で、しかも野外で授業を受ける子どもたちを目の当たりにして、ちょっと涙ぐみながら、でも義憤に駆られて、将来のために教育はもっとも重要だと村の人たちに力説していた姿が印象的でした。

二〇一五年五月にローマで開催された国際カリタスの総会でも、マーガレットさんのたってのリクエストで女性フォーラムが短い時間でしたが開催されました。覗《のぞ》いてみると、力強く女性たちを鼓舞するマーガレットさんの姿がありました。リーダーシップを発揮して笑顔で皆を引っ張る姿は、いつまでたっても彼女のトレードマークです。

マーガレットさんは、「人間の苦しみを減らし、人間の尊厳を深め、地域共同体を強くすることができたのを目の当たりにすることが、私のいちばんの幸せだ」と言います。そして、世界的な連帯を推し進めることこそが、これからの夢だと言います。

「一度も出会ったことがなくても、またきっと人生で出会う機会がないかもしれないもの同士が、それぞれのできる範囲で犠牲を引き受けながら連帯していくことで、より良い世界を築いていくこと。それが私の未来への希望です」

これからも、一人ひとりの生命の尊厳を守りぬくために、マーガレットさんは活躍を続けていくでしょう。

国際カリタス総会の参加者と一緒に
(右端筆者、その隣がマーガレットさん、2007年、バチカンにて)

# 9　みことばが実現可能であると証明した人

## 福者オスカル・ロメロ大司教

その日、首都全域の住民は、安堵《あんど》の声を上げるものと落胆のため息をつくものとに、はっきりと分かれました。中米エルサルバドルの首都サンサルバドル。一九七七年二月のことです。そしてすべての人が後に、その思いが見事に裏切られたと実感することになるのです。

サンサルバドル教区に、新しい大司教が任命されました。当時、引退するルイス・チャベス大司教は、補佐司教のアルトゥロ・リベラ師を後継者として希望していたと言われます。ところが教皇は、どちらかというと田舎町であるサンチアゴ・デ・マリア教区司教を務めていた、五十九歳のオスカル・ロメロ司教を後継者に任命したのです。そしてこの任命を、当時の軍部と国家権力に近い富裕層の人々は歓迎し、混乱する国の中で正義のために戦っていた人々は落胆のうちに耳にしたのです。

今回、福者オスカル・ロメロ大司教について記すにあたり、私の手元にあるのは、生前の大司教と親交があり、また長年にわたって殉教者ロメロ大司教の列福運動を先導してきたイギリス人のジュリアン・フィロコウスキー氏とのメールのやりとりです。福音の喜びに勇気を持って生きるキリスト者として福者殉教者について紹介するとともに、そのフィロコウスキー氏についても、触れてみたいと思います。

## エルサルバドルという国

中米のエルサルバドルは、グアテマラとホンジュラスを両隣に持つ、九州の半分ほどの

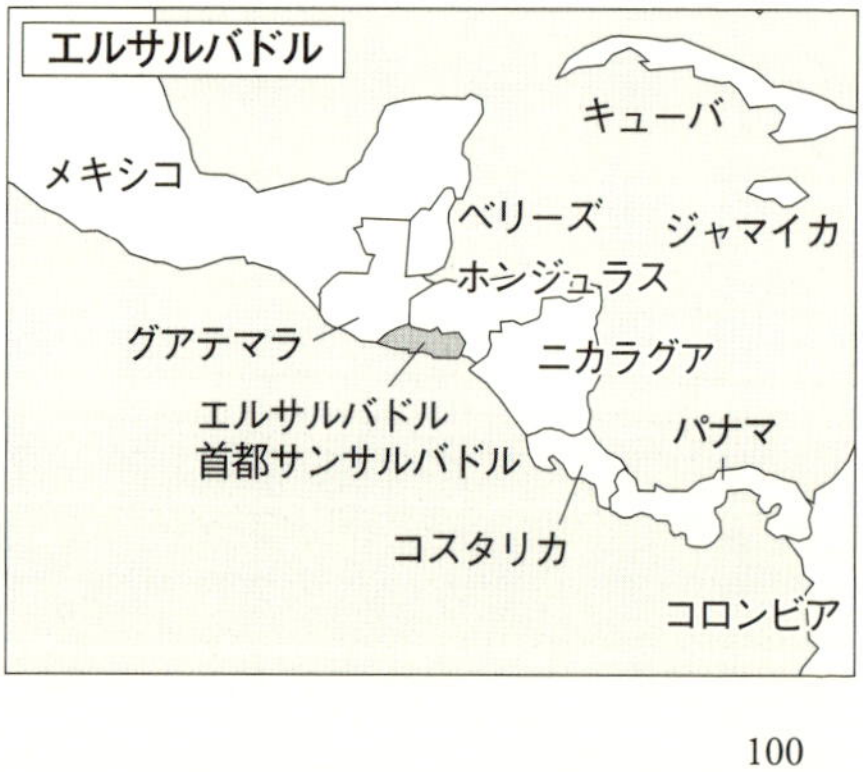

面積に、現在は六百三十万人ほどが暮らしている国です。スペインから独立したのは一八二一年。近年では、一九七九年頃から一九九二年まで、軍事政権とファラブンド・マルティ民族解放戦線（ＦＭＬＮ）の間で内戦状態が続いていました。その後は民主的な大統領選挙が行われるなど、多少の安定を見せてはいますが、今でも治安に不安があると言われます。

問題はその内戦に至るまでの過程です。一九三二年、世界恐慌を受けて主産品のコーヒー価格が大暴落。農民の一斉蜂起が起きたとき、土地所有者である少数の富裕層の意向を受けた軍隊が鎮圧に乗り出し、三万人を超える農民が殺害されたと伝えられています。それから約五十年間、富裕層と結託した軍部による抑圧的支配が続いていたのです。

どんな小さな動きであれ、社会を変えようとする試みは、「共産主義者」の一言で非難され、排斥されました。選挙では不正が横行し、反対の声を上げる多くの人々を闇に葬る殺人集団すら誕生しました。そのような状況に対して、いわゆる極左のゲリラ集団が反対勢力として誕生していったのです。政治的右からも左からも、暴力的集団が跋扈《ばっこ》する国でした。

七〇年代、貧富の格差にはすさまじいものがあり、人口の二パーセントの富裕層が、国全体の資産の九〇パーセントを保有していたと言われ、全国民の六〇パーセントは土地を所有しない貧困層の農民だったのです。そのような現実の中で、軍政への反対の声を上げる司祭や司教も多く、軍部や富裕層と激しく対立していました。引退を迎えたチャベス大司教は社会の改革を目指すリーダーでした。それに対して、後継者のロメロ大司教はどうだったのでしょうか。

## 「隠れた年月」と「司牧的渇きの時代」

ロメロ大司教は一九一七年八月十五日に生まれ、十三歳で小神学校に入学。その後ローマのグレゴリアン大学で学びながら、一九四二年に二十四歳で司祭に叙階。それから二十五年間、どちらかというと田舎にあるサンミゲル教区で司牧にあたりました。この時期をフィロコウスキー氏は「隠れた年月」と呼び、「どう見ても最初の頃のロメロ神父は、将来殉教者になるなどとは思えない普通の人物だった」と言います。

ロメロ神父は熱心な司牧者で、後に教区事務局長やカテドラルの主任司祭に任命されましたが、同時にラジオにもよく出演する上手な説教師として、また教区報の編集者としても知られていたと言います。簡素な生活を追求し、熱心に祈る敬虔な信仰者としても知ら

れていましたが、一緒に働く司祭たちには失敗をゆるさない厳しい態度で臨んでいたとも
フィロコウスキー氏は指摘します。

一九六七年、司祭叙階銀祝を迎えたロメロ神父は、エルサルバドル司教協議会の事務局長に任ぜられます。それからの七年間をフィロコウスキー氏は、「司牧的渇きの時代」と呼びます。教会の事務職に任ぜられたことに納得していなかったロメロ神父は、フィロコウスキー氏の言葉を借りれば、すべての面で「不機嫌で、落ち着かず、打ち解けることなく、融通が利かない」人物として知られていました。第二バチカン公会議によるさまざまな改革を喜んで受け入れたものの、一九六八年にコロンビアのメデジンで開催されたラテンアメリカ司教会議の内容と、それに伴って表舞台に出てきた、いわゆる「解放の神学」には、どちらかというと共感できずに困惑していたと言います。

一九七〇年、ロメロ神父は五十二歳で、首都サンサルバドル教区の補佐司教に任命されます。教区司教はチャベス大司教。すでに触れたように社会問題に対して積極的な発言と行動をしていた人物でした。ところが補佐司教となったロメロ司教は、司祭評議会には顔を出さないし、教区報の編集長としては、社会問題に深く関わっていた編集方針を変更し、進歩的な思想への攻撃を始めたのです。この時期、ロメロ司教は保守的で、社会問題に取

り組む司祭や当時広まっていた基礎共同体の活動とは一線を画する聖職者だという人物評が定まったのです。どう見てもそこには、その数年後に殉教者となっていった人物とはまったく異なる、社会司牧に関して消極的な姿しかありませんでした。

## 声なき貧しい人々に代わって

一九七四年、ロメロ司教はサンチアゴ・デ・マリア教区の教区司教に任命されます。一九七〇年の統計によれば、当時のサンチアゴ・デ・マリア教区には三十一万人ほどの信徒が在籍し、司祭は教区司祭だけが十四名と記されています。同じ年に首都のサンサルバドル教区は、信徒数が百万人を超え、司祭は教区司祭が百六人、修道会司祭が百四十五人いたと記されていますから、言うならば地方の小さな教区の責任者になったということでしょう。ただこの地でロメロ司教はそれまで七年間続いた「司牧的渇き」から解き放たれ、すさまじい勢いで草の根の司牧活動を再開しました。

フィロコウスキー氏によれば、この教区において地元の人々の生活の実態を知ったロメロ司教は、大きな衝撃を受けたと言います。コーヒー農園の労働者は法で定められた最低賃金すら受け取れず、しかもそれが熱心にミサに通ってくるカトリック信徒の経営する農園で当たり前のように横行していたのです。ロメロ司教は、この現実にショックを受けました。

一九七五年六月二十一日深夜、教区内のトレス・カレスという町で、六人の農民が殺害される事件が発生します。殺害されたのは、その直前に物価の高騰に抗議するデモを行ったリーダーたちの親族。デモとは何も関係のない六名は、親族だからという理由で殺害されたのです。犯行に及んだのは、治安維持にあたる国軍の兵士四十名でした。

翌朝現場に駆けつけたロメロ司教は遺族を慰めた後に、目撃者から聞き取りをし、国軍の司令官に抗議に赴きます。しかし、司令官は「良くない種を取り去っただけだ」と取り合わなかったことから、今度は報告書を作成し、大統領に宛てて抗議文を送付。その抗議文にロメロ司教ははっきりと、自分は「声なき貧しい人々に代わって」声を上げているのだと記しました。この事件を契機として、ロメロ司教に少しずつ変化が現れます。

一九七七年二月、ロメロ司教はチャベス大司教の後任として、複雑で相反する評価の声が上がる中、サンサルバドル教区の大司教に就任します。それまで社会活動に取り組み、貧しい人のために働いてきた多くの司祭は、かつての補佐司教時代を知っているがために、ロメロ大司教の任命に失望していました。富裕層や軍部は、同じくかつての補佐司教時代の保守的な姿を知っているために、御《ぎょ》しやすいと踏んでいたのでしょう。軍部や一部の地主富裕層は、教会が社会問題に首を突っ込むことを止め、貧しい人たちとともに歩むなどと言わず、素直に「香部屋に戻る」ことを望んでいたのだとフィロコウスキー氏は語ります。ジュリアン・フィロコウスキー氏がロメロ大司教に出会ったのは、ちょうどその頃でした。

## 新たな出発の日

フィロコウスキー氏は一九四七年、イギリス生まれ。ケンブリッジ大学で経済学を学び、卒業後の一九六九年から七三年までを、ボランティアとして中米のグアテマラで過ごしました。一九七三年にはイギリスにあるカトリック国際関係研究所（ＣＩＩＲ）の中米担当者に採用され、その時期にロメロ大司教と出会います。一九七七年から三年間、フィロコウスキー氏はロメロ大司教の人権擁護のための活動を、現地で支援しました。一九七九年にロメロ大司教がノーベル平和賞の候補者となったのも、フィロコウスキー氏が中心になって進めた運動の結果でした。一九八二年にフィロコウスキー氏はカリタスイングランドとウェールズ（ＣＡＦＯＤ）の責任者となり二〇〇三年まで務めましたが、その時期に私

イギリス国会議員団と面談するロメロ大司教（左）
（写真中央が仲介を務めたフィロコウスキー氏、1978年）

は国際会議で何度も彼と一緒になり、そのたびにロメロ大司教について話を聞かされていたのです。

さて、ロメロ大司教は一九七七年二月二十二日にサンサルバドル教区に着座しました。大統領選挙における不正行為で社会の緊張が高まり、暗殺事件も頻発していた時期です。その直後の三月十二日、イエズス会のルティリオ・グランデ神父が、ミサに向かう途中、殺人集団によって暗殺されたのです。彼の身体に撃ち込まれていた銃弾は、なんと警察の銃弾。貧困層のために尽くしていたグランデ神父は、ロメロ大司教の個人的な友人でもありまし

福者オスカル・ロメロ大司教

た。当時同じイエズス会のベルゴリオ神父としてグランデ神父を個人的に知っていた教皇フランシスコは後に、ルティリオ・グランデ神父なしにロメロ大司教を理解することはできないとまで指摘したと言われます。それほどこの事件は、ロメロ大司教に大きな衝撃を与えました。

その日、遺体の安置された教会に出向いたロメロ大司教は、一晩をグランデ神父の傍らで過ごしました。ロメロ大司教の新たな出発の日でした。この日を境にロメロ大司教は、保守的で政治に無関心な人物から、貧しい人たち、権利を奪われている人たちのために積極的に発言し、行動するリーダーになったと言われます。もちろんその萌芽はすでに前任地でのトレス・カレスの殺害事件にあったのですが、以前からの保守的なイメージをロメロ大司教に抱いていた首都の人々の目には大きな変化だと映ったことでしょう。

翌日曜日、ロメロ大司教は教区内のすべてのミサを中止にして、カテドラルでの司教ミサに集まるように呼びかけました。集まった十万人以上の前でロメロ大司教は、ルティリオ・グランデ神父の業績をたたえ、「誰でも私の司祭に手を出すものは、私に手を出すのだ」と宣言します。そして軍部による誘拐、監禁、拷問、殺害などあらゆる人権侵害の事案について調査する委員会を立ち上げ、被害者の家族を援助する仕組みを構築しました。そういった彼の「変身」を快く思わない富裕層と政府や軍部はさまざまな圧力をかけ、とうとう一九七九年九月には、殺害予告までもがロメロ大司教のもとに届いたのです。

そして運命の一九八〇年三月二十四日。その前日のミサの説教でロメロ大司教は軍人たちに向かって語りかけ、倫理にもとる命令には従う義務はないと諭し、こう締めくくっていました。「神の名において命じる。抑圧を止めなさい」。二十四日午後六時二十五分、住居としていた神の摂理病院の聖堂でミサを捧げていたロメロ大司教は、説教を終えて奉献に移ったところで、聖堂の扉の陰に隠れていた暗殺者の放った銃弾によって殉教の死を遂げました。

三月三十日に行われた葬儀には二十五万人もの人が集まり、その中にはフィロコウスキー氏の姿もありました。「葬儀の最中に爆弾が投げ込まれ、軍の銃撃もあり、その混乱の中で四十名の人が生命を落としました。人生でいちばん最悪の瞬間でした」と当時を思い起こしてフィロコウスキー氏は語ってくれました。

「ロメロ大司教は神のことばに生きようとして、神のことばそのものになりました。貧しい人たちのために生きようとして、貧しい人の世界に生きるようになりました。貧しい人を優先するという考えは、単に口先だけのスローガンではなく、彼はそれに生き、それが実現可能であることを証明したのです。彼は殺害されたから殉教者なのではなく、殉教者（証し人）だから殺害されたのです」

ロメロ大司教の列福式は、二〇一五年五月二十三日に首都サンサルバドルで、百名を超える司教、千四百名を超える司祭、三十万人を超える人々が参加して行われました。

# 10　人生の奇跡を見た人

## インドにおける女性の地位

「何を言ってるんだ。自分たちばかりで楽しんで」とでも言わんばかりに、壁際に立っていたお父さんが声を上げました。集まっていた女性たちの一人が立ち上がり、自分の体験を力強く分かちあっている最中でした。無精ひげのお父さんは、明らかにいらだっている。もしかしたら、お酒が少しばかり入っていたのかもしれません。

二〇〇五年四月、カリタスジャパンが支援する小さなプログラムの視察のために、インドの西ベンガル州へ出かけたときのことでした。西ベンガル州の州都コルカタ（旧カルカッタ）から車で二時間ほど、海抜ゼロメートル地帯をベンガル湾の方向へ進み、バルイプールという町へ。ここからはバルイプール教区社会活動事務所の担当者に案内されて、黄色と黒に塗り分けられたオート三輪車に乗り換え、田んぼの中を上下左右に揺さぶられながら、マグラハット地区の小さな村へ。

この村の学校には、支援対象である女性たちが集まってくれました。

カリタスジャパンはその当時、この村をはじめ二十の村で次々に設立された「女性自立支援グループ」の活動に資金を提供していたのです。

この地域には、先住民族の人たち、カースト制度の最底辺層におかれた人たち、さらには隣国バングラデシュから移り住んだ人たちなどが多く居住し、法的にも経済的にも文化的にも、その生活は保障されていないのが現実でした。

加えて、長年にわたってインドでは、女性の社会的地位の低さが、各地でさまざまな問題を引き起こしていました。それは例えばヒンドゥー教の教義に基づいて発達したカースト制度における女性差別や、女性の結婚に伴うダウリー（持参金）制度。またそういった慣習に伴って存在する女児殺しなどなど。近年では、女性に対する性的暴行事件もしばしば報道されています。

もちろん法的には、そういった差別が認められているわけではありません。一九四七年の独立とともに制定された憲法は、カースト、ジェンダー、宗教、階級といったあらゆる形での差別を禁じていますし、女性にも参政権や幸福追求権を認めています。

さらには一九九二年、地方議会議員数の三分の一を女性に割り当てる法律も施行され、女性たちに政治的な意思決定と地方政治に参加する機会が保障されたのです。確かにインドでは、女性首相など政治的リーダーが多数輩出しているのですから、法的制度としては女性の地位向上の道が開けていることは間違いがありません。しかしその陰では、やはり文化に深く根付いてしまった女性への蔑視や差別が横行してきたのです。

そういった背景から、インドでは数あるNGOが先頭に立って、女性の自立を目指すさまざまな支援活動が行われてきました。二〇〇〇年前後には、カリタスインドでも全国的に「女性自立支援グループ」活動に積極的な取り組みを強め、数多くのグループが各地に誕生しました。その活動は、主に定期的な集会と識字教育でしたが、中には小規模ローン提供に活動を広げるグループもあり、さらにはそれを元手に小規模ながら収入創出プログラムを始めたところもありました。

さて、その日集まった女性たちも、促されて一人、二人と話し始め、中には厳しい男性批判も飛び出してしまい、とうとう冒頭のようなお父さんの横やりも入る始末でした。女性たちは口々に、識字教育を通じて自ら署名ができるようになったため銀行に行けるようになった喜びや、子どもたちを学校へ送るために、必要であれば自立支援グループが教科書を購入するなどという非常に前向きな話をしてくれました。田んぼの中のあぜ道のような道路も、以前は自動車がまったく入れなかったものを、自立支援グループが自分たちで石を並べて修復にあたり、おかげで市場などへ出かける足が確保できたという話も聞かれました。彼女たちの自信に満ちた表情が印象的でした。横やりを入れてきたお父さんのいらだちが、女性グループ活動の成功を如実に物語っていたのかもしれません。

## 自分の召命はここにこそある

今回は、そのような女性の地位を考えたとき、とても厳しい社会状況にあるインドで、めざましい活躍をしている信仰者の女性を紹介したいと思います。しかも、どちらかと言えば男性社会であるカトリック教会の聖職者制度にあって、インドで初めて女性として司祭養成の専任教授に任命されたシスター・レッカ・チェナットゥ（聖母被昇天修道会）。プネーにある教皇庁立神学部で専任教授を務める聖書学者です。

シスター・レッカは、南インドのケララ州で一九六四年に六人きょうだいの二番目として誕生しました。後に、きょうだいのうち三人がシスターに、そして一人が司祭となったほどの熱心なカトリックの家庭に生まれたシスター・レッカは、子どもの頃から、毎晩家族でロザリオを唱え、聖書の分かちあいをするというきわめて宗教的な雰囲気の中で育てられました。ちなみにケララ州では使徒トマスが直接キリスト教を伝えたという伝承があり、現在でも他の地域に比べて、キリスト教徒の比率が高い地域と言われます。確かにインドの司祭や修道者の中にも、ケララ出身者が多数見られます。

さて、中学から高校と進学するにつれて、彼女は徐々に社会のために何か貢献するような人物になりたいという思いを深めていきました。また、大人に近づくにつれて社会の現実にも目を向けるようになり、貧富の格差の広がりに大きな衝撃を受けるようになります。その頃、心に芽生えてきた思いをシスター・レッカはこう語ってくれました。

「その当時から社会を変革するような仕事がしたいと思い始めました。インドの市民が人生における機会を生かし、人生の喜びを満喫できるような、そんな新しい社会を作り上げることを、その頃の私は夢見ていました」

そこで、いちばん頼りにしていた祖父に相談したところ、まずは主任司祭に話してみたらどうかというアドバイス。すると当時の主任司祭は、修道会に入ることを勧め、さっそく聖母被昇天修道会を紹介してくれました。

一八三九年にフランスで創立された聖母被昇天修道会は、第二バチカン公会議後にインドに派遣されてきました。当時、彼女の家の近く、同じケララ州のカリカット（現コーリコード）に修道院を構えていましたが、その活動は従来の修道会のイメージとは異なるものとして、彼女の目には魅力的な存在として映っていました。

インドに派遣されてきたシスターたちは、貧しい人たちを優先する姿勢を明確に打ち出し、伝統的な修道院生活ではなく、インド社会の中で貧しく排除されている人たちとともに生きようとする簡素な生活スタイルを貫いていました。カリカットでは、近隣の貧しい漁民の共同体とともに生活し、その権利を擁護し、生活を改善するための活動をしていたのです。

「これこそ、私が求めていた生き方だ」と直感した彼女は、主任司祭の勧めに従って、早速カリカットの共同体へ体験生活のために出かけていきました。その短い体験で彼女は、この修道会共同体の簡素な生き方、深い霊的生活、そして使徒的活動への献身に強く感動し、自分の召命はここにこそあるという確信を深めたと言います。

## 祖父の言葉を信じて

社会の変革を目指して貧しい人たちとともに生きることに生涯を捧げようと決意した彼女が、それではどうして聖書学者として神学院の教授になったのか。やはり人生は、人間の考えではなく、神の手によって支配されていたのです。

修道会に入り有期誓願を宣立し、さらに大学で哲学の勉強が終わった頃、シスター・レッカは共同体体験のために、ある小さな村で働くシスターたちのところへ派遣されます。その頃のことを彼女はこう言います。

「電気も水道もない奥地の村でした。生活するための最低限のものしかないような。でも貧しい人たちに奉仕するために修道会に入ったのですから、最適な場所に派遣されたと思っていました。マラティ語という新しい言葉も学びました。そして六カ月が過ぎた頃、体調に異変を感じたんです。なんと心臓の調子が悪くなって、結局、プネーにある管区本部へ連れ戻されてしまいました」

病気療養中に彼女は、修道会の上長から、プネーにある教皇庁立神学部で神学を学ぶようにと命じられます。そのときの心境を彼女はこう言います。

「混乱した中で、自分自身と、そして神さまとも戦っていました。いったい神さまは何を考えているのかと。いちばん望んでいる修道者としての生き方を、どうして私から取り上げるのだと」

そして彼女は再び、いちばん頼りにしていた祖父に相談しました。祖父の助言は「神さまはもっと良い計画を持っておられる。神について行きなさい。そうしたら人生の奇跡を見ることができるかもしれない」。

祖父のこの言葉を信じた彼女は、本当に人生の奇跡を見ることになるのです。

まずは神学士（B.Th.）を目指して学んでいた二年目。神学部から、将来的にスタッフとして聖書学を教えないかとの声がかかります。このとき彼女は二十五歳。もちろん、この神学部（プネーでイエズス会が運営するJnana-Deepa Vidyapeeth）に女性の専任教授はだれ一人としていません。

またしてもこのとき、彼女に決断させたのは、いちばん頼りにしていた祖父の言葉。

「神のことばを解釈し教えることは、まさしく神から与えられた使命だ。そしてもし仮に神学部で教えることが神の選びであるならば、何も恐れることはない。神さまが良くしてくれる」

この言葉に励まされた彼女は、結局ローマに留学し、教皇庁立聖書学研究所で修士号を取得、その後、ワシントンのアメリカ・カトリック大学で聖書学の博士号を取得。一九九六年に帰国して、プネーの教皇庁立神学部で聖書学の講師となりました。

その頃のことを、彼女はこう言います。

「もちろん、たくさんの人に励ましをい

神学生たちとの語らい。ハンガリーにて（2008年）

シノドス第13回通常総会で発言する
シスター・レッカ（2012年）

ただきました。でも、やはり女性が神学者であることや聖書学を教えていることに、不快感を示す人たちにも少なからず出会いました。それは男性だけではなく、女性からもです。対話を通して、そういった人たちの理解を得ることができたこともありますし、まったくそうではないこともあります。でも私は楽観主義者なので、他人がどのように考えているのかよりも、どうしたら最高の知識を提供できるかばかりを考えています。自分の修道会のメンバーには支えられていることを感謝しています。確かに、嫉妬や批判を受けることもありますが、それを通じて自分を見つめ直すことができますし、他者への思いやりの心を培うこともできます」

そしてシスター・レッカ・チェナットゥは二〇一〇年七月、インドで女性として初めて教皇庁立神学部の専任の聖書学教授としてバチカンの教理省と教育省から認可を受け、その後、同神学部の聖書学部門の責任者にも女性として初めて任命されたのです。また、二〇一一年からは、聖母被昇天修道会のインド管区長も務めています。

「現代の修道者にとって、いちばんの挑戦は、識別する人となることでしょう。何が真理で、何が善で、激しく変化する現代社会の現実の中で、何が生命を与えるものなのか。いちばん困難なのは、ゆだねられた宣教の使命に深くコミットしながらも、同時にそこからしっかりと離脱して、善悪の判断をするために自らの心の声に耳を傾けることかもしれません」

† † †

二〇〇五年の西ベンガル州の村に戻ります。集まってくれた女性たち。この地域では、伝統的な自治組織に端を発している村落評議会制度のパンチャヤトが、すべてを決定する機関となっています。以前は男性にだけ支配され、結局は政争の具となっていたパンチャヤトに、今では女性たちが堂々と出席して意見を述べるようになったのだと話してくれました。一人の女性だけでは力がないが、グループとして行動することによって、力を得ているのだと言います。長い歴史と伝統の中で、自らの声を上げ行動することによって、社会における地位を向上させようと取り組むインドの女性たち。これからもインドでは、この村の女性たちやシスター・レッカのように、壁を乗り越えようと挑み続ける女性たちが現れ続けることでしょう。

# 11　平和を実現する人

## 根深い問題

「確かに、子どもの頃の体験が、私の人生の方向性を決めたし、正義と平和のために働く決意を固めさせたのは間違いありません。子どもの頃、自分の家庭の安全と安らぎをすべて捨て、暖かいベッドで人形と一緒に寝ることもあきらめ、逃げなければならなかったのです。何が起こっているのか、子どもの頭では理解していませんでした。でも両親の目にある苦悩と恐怖を感じ取ることはできました。パレスチナの人々に対するすさまじい不正義です。それが一九四八年に、イスラエルが建国されて、七十五万人以上のパレスチナ人が難民となったときです」

先日、メールで幼い頃の体験をこう語ってくれたクラウデット・ハベシュさん。エルサレムに住む、パレスチナの女性です。初めて出会ったのは一九九九年。国際カリタスの総会でした。当時クラウデットさんは、カリタスエルサレムの責任者とカリタス中東と北アフリカの総裁を務めていまし

た。そしてその翌年、二〇〇〇年七月の末、カリタスジャパンの支援が要請されていたベツレヘムでの「ユダヤ人とパレスチナ人の和解醸成プログラム」を視察するため、イスラエルへ出かける機会に恵まれました。当時、アメリカ合衆国のクリントン大統領は沖縄サミット欠席も辞さぬほどの決意を持って、キャンプデービッドでの中東和平交渉に臨んでいたのですが、私がエルサレムに到着したその日、交渉は決裂したと報じられていました。

その同じ日の午後、クラウデットさんに「ぜひとも見せたいものがある」と言われ、エルサレム市内の一軒家に連れていかれました。当人の家ではありません。そこには誰かが住んでいる。ところがその住人に声をかけるでもなく彼女は庭まで入り込み、そこに植え

られた一本の木を指さしてこう言うのです。「この木は、私の父親の誕生記念に、祖父母が植えた木です。ここは昔、私たちの家だったんです」

「一九四八年より前にすべてを戻さない限り、何も解決しない」という言葉を同行した人から聞かされたのも、その日でした。カーテンの陰からこちらを見つめる現在の住人の視線を感じながら、彼女の口から出たこの言葉に、問題の根深さを痛いほど感じさせられました。

## イスラエルの建国と混乱

パレスチナ人が生活していた地に、一九四八年五月、イスラエルという国が誕生しました。とは言っても、ある日突然ユダヤ人がパレスチナに出現したわけではもちろんありません。そこには長い歴史があります。

旧約聖書時代にさかのぼれば、確かにこの地域はユダヤ人の地なのですが、その後の歴史の紆余《うよ》曲折の中で、彼らは世界中に散らばっていくことになります。しかしすでに十九世紀末頃からの「シオニズム（イスラエルの地にユダヤ人の故郷を再建する運動）」の広がりの中で、その頃は三万人に満たなかったパレスチナのユダヤ人口は徐々に増加を続けていたのです。その中で経済的理由から、ユダヤ人に土地を売り渡したパレスチナ人も少なからず存在したようです。一九三〇年代には、パレスチナの総人口が百三万人ほどで、そのうち一七パーセントがユダヤ人。さらにその後のナチスによるユダヤ人迫害の影響もあり、移住人口は増加を続け、一九四三年には総人口百六十七万人に対して三二・二パーセント、すなわち約五十四万人がユダヤ人であったといわれます（広河隆一『パレスチナ』参照）。

第二次世界大戦後に創立された国連は、一九四七年十一月二十九日の総会において、パレスチナの分割を決議しました。その中でこの地域の五七パーセントをユダヤ人に割り当てることを決定。そして一九四八年のイスラエル建国に伴う混乱の中で、冒頭でクラウデットさんが話してくれたように、七十五万人に及ぶパレスチナ人が住む家を失い、難民となったと記録されています。現在にまで至るパレスチナ難民の始まりでした。

イスラエルという国をゼロから生み出すにあたっての混乱は、二十世紀初頭にこの地域において影響力を持っていた英国の、いわば「二枚舌政策」が遠因だと言われます。台頭するオスマン帝国の勢力に対抗するために、英国はアラブの独立を約束し、同時にユダヤ人の「ナショナル・ホーム」樹立も認め、両者を味方につけようとしたことが、今に至るまでの対立の始まりです。加えてパレスチナの地に誕生した新しい国家は、ユダヤ教という宗教を根幹に据えた極めて限定的な民族国家でした。イスラエルは、そういった対立と無理の上に誕生した国家とも言えるため、自己防衛を理由として、ときに常識の程度を超えた攻撃性を見せることがあります。

一九九三年のオスロ合意に基づき、翌年にはパレスチナ自治政府が誕生しました。二〇一二年には、パレスチナ自治政府に国連におけるオブザーバー国家としての立場が認められ、国家としての扱いを受けています。しかしこれまでの歴史的経緯もあり、パレスチナとイスラエルが共存する道は未だ見えてきません。遠く日本にときおり伝わってくるのは、過激と言ってしまいたいほどの両者の武力行使による対立の様相であり、破壊行為のありさまです。いくつかの宗教の聖地であるエルサレムの将来の姿も判然とせず、イエス誕生の地ベツレヘムと永遠の都エルサレムの間には、高いコンクリートの壁がそびえ立っています。

## 困難の中で

さてクラウデットさんの話に戻ります。そういった混乱が続く幼い頃の毎日にあっても、カトリックの信仰に生きていた両親は、困難の中にも希望を失わないようにと、信仰を育む努力を怠らなかったと言います。

「確かに両親はすべてを失いました。祖国を、家を、仕事を、銀行口座を。でも両親は、他人の世話をすること、助けを求める声に敏感であるようにと、私たち兄姉をしつけました。幸いなことに、両親は当時大きな事業をしていたので、エリコにも家を持っていました。ですから私たちは、エリコで生活を続けることができたのです。そして希望を失うことのなかった父は、その後、ヨルダンで新しい事業を立ち上げることができました」

避難生活という混乱の中でも両親は、信仰を育むだけでなく子どもたちの知的教育も忘れてはいませんでした。クラウデットさんは、その両親の配慮に、いま心から感謝していると、こう言います。

「教育は個人の資産です。しかも他人がそれを奪うことのできない資産であることに両親は気がついていました。私はレバノンのベイルートーアメリカン大学に入学することができ、そこで社会福祉と児童心理学を学びました。一九六七年に結婚したのですが、夫はエルサレムの住民だったので、ヨルダンに住み続けていた家族とは離ればなれになりました。イスラエルによる占領地帯に住むことになったからです」

エルサレムは東西に分かれており、当初は旧市街の東エルサレムがヨルダンに、新市街の西エルサレムがイスラエルの支配下にありました。しかし、一九六七年の第三次中東戦争以降、東エルサレムもイスラエルによる占領下にあります。その一九六七年以降、クラウデットさんたちパレスチナ人は、エルサレムという聖なる町の住人であるという誇りを持ちつつも、占領下のさまざまな制約をも受けることになります。

エルサレム旧市街（2014年12月）

「占領下にあっては、毎日のように辱めを受け、検問所でひどい扱いを受け、ときとして人も物資も移動を制限され、パレスチナ人の土地はしばしば収奪され、違法なイスラエルの入植地を設営するために、せっかく実をつけた果樹は引き抜かれてきました」

パレスチナ人の家屋の破壊や身柄の拘束、パレスチナの水や資源のコントロールなども始まり、状況は悪化の一途をたどったと言います。

「パレスチナ社会の一体感は、エルサレムとガザをこの国の他の地域から孤立化させることで失われ、家族の絆は切り裂かれ、経済発展も制限されました。それが一九八七年の『インティファーダ』として知られる、一斉蜂起につながったのです」

そうした暴力的対立が続いていても、クラウデットさんは、そこには平和的な解決策が必ずやあるはずだと信じていたと言います。

「『インティファーダ』は、助けを願い平和の内に生きるという純粋な必要性を訴える、正直な叫びであったと思います」

この一斉蜂起が結局、パレスチナ自治政府の創立と、一九九三年のオスロ合意につながっていったのです。残念ながらこの平和プロセスは順調には進まず、二〇〇〇年の二度目のインティファーダを招くことになります。この当時を振り返ってクラウデットさんはこう言います。

「このとき私たちは、平和を達成するために貴重な時間を失い、その上で行き詰まってしまったことに失望していました。しかし、私はこういった年月を体験してもまだ、平和を信じていましたし、平和は達成可能だと信じていました。私は若い世代を、（民族が異なっていても）一緒に生活し互いを尊敬し合って生きるように育てなくてはならないと自覚したのは、その頃のことです」

## 息子の一言

こういった歴史の流れに翻弄されるうちに、平和のために力を尽くそうという決意がクラウデットさんの心の中に芽生えてきます。それはインティファーダが起こる前のことでしたが、彼女の七歳になる長男の発した一言が、彼女のこの思いをさらに強くしました。その頃、エルサレムのパレスチナ人居住区で、パレスチナ人の少年がイスラエル軍によって占拠されていたホテルの近くで遊んでいたときのことです。路上に置き去りにされたカバンを見つけた少年は、興味を押さえきれずにそれを開けようとします。その瞬間、カバンは爆発し、少年はいのちを落としました。その話を聞いた七歳の長男が、クラウデットさんにこう言ったと言います。

「大人になったらイスラエルの兵隊を殺してやる」と。爆発物はイスラエル軍によって放置されていたと見られたのです。

「私はこれを聞いたとき、本当にショックを受けました。すぐに息子に、どうしてそんなことがしたいのだと尋ねました。すると彼は逆に、少年の母親が悲しんで泣いているのを、お母さんはどうして理解できないの、と言うのです。そこで私は息子に、もしあなたがイスラエルの兵隊を殺すならば、その兵隊の母親も同じくらいに悲しんで泣くことでしょう、と教えました」

このときクラウデットさんは、子どもたちの心に憎しみではなく信仰と愛を育むことが、どれほどの難事業であるのかを感じたと言います。カトリックの信仰のうちに育ててきたはずの息子が、心の中に憎しみを宿していることにショックを受けたのです。同時に、いったいどれくらいのパレスチナ人とイスラエル人の親が、子どもたちの心に憎しみではなく愛を育むという難事業に取り組む決意を持っているのか、心配にもなりました。

**失望を希望に、屈辱を尊厳に**

そこでクラウデットさんは、社会開発活動を通じて、こういった呼びかけをより多くの人に伝えようと決意します。その活動の始まりは、長男の通う学校のＰＴＡであったと言います。そしてそれは最終的に、カリタスエルサレムの責任者として、平和構築の活動拡大につながっていったのです。

「（一九八七年に）カリタスエルサレムの責任者の任命を受けたとき、この仕事を通じて、この地にあって困難に直面している人々に安全と平和をもたらすことができるのではないか、彼らの尊厳を取り戻し、貧困と屈辱からの解放をもたらすことができるのではないかと期待しました。私は、失望を希望に変え、屈辱を尊厳に変えようとしてきましたし、いまもそうしています」

国際カリタス本部で長年、「平和と和解作業部会」を主宰しているピエール・チバンボ師（4章に登場）は、クラウデットさんがこの作業部会で重要な役割を果たしてきたと評価し、特にヨルダンとレバノンでの平和構築の研修プログラムで中心的役割を果たしたと言います。それ以上に、国際カリタスが長年にわたって行っている「占領を終わりに」のスローガンを掲げた「聖地に平和を」のキャンペーンがイスラエル政府にも大きな影響を与えてきたのは、クラウデットさんの働きによるところが大き

国際カリタス総会中、カリタスジャパンとの協力について成井大介神父（神言会）と話し合うクラウデットさん（2007年5月、ローマ）

いと評価しています。

クラウデットさんは二〇一三年、二十六年間務めたカリタスエルサレムの責任者を引退しましたが、その後もパレスチナとイスラエルの平和を願って活動しています。現在は、パレスチナ自治政府のキリスト教関連委員会のメンバーとして活躍中です。

「私の希望は常に、正義と平和に集約されます。もしパレスチナとイスラエルの対立が正義に基づいて解決されるなら、互いの尊敬と和解に基づいた永続する平和が実現することでしょう。ただ紛争やテロ、人命の損失という現実の前で、どうやってこの難しい仕事を成し遂げるのかです。国内と海外の真剣に取り組むパートナーがいれば可能だと信じています。世界中に、平和を実現しようと努力をし、また私たちのために祈ってくださる人々が、これからも必要なのです。『平和を実現する人々は、幸いである、その人たちは神の子と呼ばれる（マタイ5章9節）』」

# あとがき

教皇フランシスコは、就任直後の二〇一三年七月に、ランペドゥーザ島を司牧訪問されました。ランペドゥーザ島は、イタリア領とは言えアフリカに限りなく近く、地中海に乗り出した難民たちが様々な形で最初に到達するヨーロッパの地です。「様々な形」とは、すなわち、生きて無事に到達したり、救助されて到達したり、そして中には命を落としてから到達するケースも少なくありません。

難民が大量に押し寄せる現実を前にして、助けの手を差し伸べることに消極的になり、さらには排除しようとする風潮がヨーロッパに広まる中、教皇フランシスコはその地を最初の司牧訪問地として選ばれたのです。難民の方々と出会い、ともに祈ることで、ご自分が何を大切にし、また信仰に生きるものはどのように生きるべきなのかをはっきりと示されました。教皇はそのときのミサの中の説教で、こう言われました。

「居心地の良さを求める文化は、私たちを自分のことばかり考えるようにして、他の人々の叫びに対して鈍感になり、見栄えは良いが空しいシャボン玉の中で生きるようにしてしまった。これが私たちに、はかなく空しい夢を与え、そのため私たちは他者へ関心を抱かなくなった。まさしく、これが私たちを無関心のグローバル化へと導いている」

排除されて構わない人はいない。無視されてもよい人はいない。自分の殻《から》に閉じこもらずに出向いていき、他者の苦しみに関心を寄せよう。失敗を恐れるな。教皇の信仰に生きるこの姿勢が凝縮された文書が、使徒的勧告『福音の喜び』です。

「自分にとって快適な場所から出て行って、福音の光を必要としている隅に追いやられたすべての人に、それを届ける勇気をもつよう招かれている」（20）と教皇フランシスコは呼びかけます。その福音は、喜びをもたらすのです。『福音の喜び』の冒頭はこう始まります。

「福音の喜びは、イエスに出会う人々の心と生活全体を満たします。イエスの差し出す救いを受け入れる者は、罪と悲しみ、内面的なむなしさと孤独から解放されるのです。喜びは、つねにイエス・キリストとともに生み出され、新たにされます」(1)

オリエンス宗教研究所が発行する『福音宣教』の編集部から、まったくもって難しい課題をいただいたのは、二〇一五年のことでした。その『福音の喜び』に触発されて、「真の喜び」に出会った人々を紹介してほしいという企画です。しかも十一回の連載ですから、少なくともそのような人を十一名も探さなくてはならない。

「喜びに生きている人なんて、そんなにたくさん知っているかなあ」。それが最初の感想でした。現在進行形で華々しく活躍している個人にスポットを当てて紹介するのは、私にとっても、また紹介される本人にとっても容易なことではありません。そこでもう少し幅広く、これまでの自分の体験、それは主に、西アフリカでの宣教師生活やその後のカリタスジャパンでの活動を通じた出会い、そして、司教を務める新潟教区での体験から、なんとか十一名の方を探し出すことができました。

ご紹介した方々は、歴史上の人物である米沢の福者殉教者や福者オスカル・ロメロ大司教を除いて、すべて私が直接存じ上げている人たちです。とはいえ、米沢の殉教者は新潟教区にとって大切な存在ですし、福者ロメロ大司教に関しては、彼の列聖運動に長年関わっている人物を直接存じ上げていました。海外におられる存命の方々からは、全員あらためてメールを通じたインタビューをお願いし、その上で執筆しました。この連載に登場してくださった皆さんの協力に感謝します。

登場していただいた方々は、様々に異なる現場の中で、それぞれにユニークな多様性の中で、しかし福音に忠実に生き行動することで、「福音の喜び」をあかしする方々です。喜びの福音を伝える業《わざ》は、何か特別な人が特別にするのではなく、私たち一人ひとりが、それぞれ生かされている現実の中で、与えられたタレントに忠実に生きる時、成し遂げられるのだと思います。日本の教会を、ユニークな多様性の中で一致している、福音の喜びに満たされた共同体にしたいと、いつも願っています。
　このたびの東京大司教着座にあたり、『福音宣教』に連載された文章を書籍にまとめていただきました。連載の機会をくださった『福音宣教』の編集部の皆さん、また書籍化にあたってくださったオリエンス宗教研究所の皆さんに、心から感謝申し上げます。

二〇一七年十一月

菊地　功

本書は月刊『福音宣教』（オリエンス宗教研究所）に連載された「『真の喜び』に出会った人々」（二〇一六年一月号～十二月号）をもとにまとめられたものです。

聖書本文の引用は『聖書　新共同訳』（日本聖書協会）を用いています。

## 著者紹介


菊地　功（きくち・いさお）

1958年，岩手県宮古市生まれ．1986年，南山大学神学修士．同年，司祭叙階（神言修道会）．2004年，司教叙階．新潟教区司教，カリタスジャパン担当司教を歴任．2017年10月25日，東京教区大司教に任命される．主な著作に『開発・発展・MDGsと日本――2015年への約束』『カリタスジャパンと世界――武力なき国際ネットワーク構築のために』（共にサンパウロ）などがある．

「真の喜び」に出会った人々

●

2017年12月25日　初 版 発 行

**著　者**　菊地　功

**発行者**　オリエンス宗教研究所

代　表　C・コンニ

〒156-0043　東京都世田谷区松原2-28-5

☎ 03-3322-7601　Fax 03-3325-5322

http://www.oriens.or.jp/

**印刷者**　有限会社　東光印刷



ISBN978-4-87232-102-9　Printed in Japan